核と被爆者の国際政治学

核兵器の非人道性と安全保障のはざまで

佐藤史郎

INTERNATIONAL POLITICS OF NUCLEAR WEAPONS AND HIBAKUSHA

明石書店

第Ⅲ部　「語る」被爆者と「語らない／語れない」被爆者

序章

核軍拡の現実を直視し、それを否定できたのは、健全な政治的リアリズムの眼である。核軍縮をすら肯定できないのは、政治的リアリズムの眼ではない。核破滅をすらイメージ化できないのは、政治的リアリズムの眼ではない。通常兵器にしても、軍事力行使以前に政治的解決の努力を強調するのが、モーゲンソーの立場であった。（初瀬 一九九三：五二）

被爆者であり、医師でもあった永井隆は、原爆が投下された直後の長崎をつぎのように描写している。

爆圧は言語に絶する強大なもので、爆弾に対して露出していた者、すなわち戸外、屋上、窓などにいた者は叩きつけられ、吹き飛ばされた。一粁以内では即死、または数分後に死んだ。

五百米で母の股間に胎盤のついた嬰児がみられ、腹は裂け腸の露出した屍体もあった。七百米で首がちぎれてとんでいた。眼玉の飛び出た例もある。内臓破裂を思わせる真白な屍体があり、耳孔から出血している頭蓋底骨折もあった。（永井 二〇〇九：五九）

死屍累々たる惨状である。核兵器は非人道的な兵器であり、したがって、それを使用することは悪である。被爆者たちはこのように認識したうえで、核兵器のない世界を実現すべく、ヒロシマ・ナガサキという核兵器の非人道性を語っている。[1] また、日本政府も、「唯一の戦争被爆国」として、国際社会に対して核兵器廃絶を訴えている。[2] しかしながら、いまだ核兵器は廃絶されていない。

被爆者が核兵器の非人道性を語ること、それは、国際政治において、どのような影響を及ぼすのだろうか。これが、本書が寄せる最大の関心である。この章では、本書の問い、立場、構成を述べるとともに、先行研究と比較したうえでの本書の位置づけを明らかにする。また、いくつかの重要な用語について、その内容を確認しておきたい。

一　本書の問い

一九四五年八月六日と九日の朝の光景に、もう少し身を沈めてみよう。広島では八月六日の八時一五分に、長崎では八月九日の一一時二分に、原爆の炸裂による青白い閃光とともに、時計の針が止まった。広島に投下されたウラン型原爆「リトル・ボーイ（Little Boy）」と、長崎に投下されたプルトニウム型原爆「ファットマン（Fat Man）」は、一瞬にして、広島と長崎を灰燼に帰した。広島と長崎の原爆による死者数は、一九四五年一二月末の時点で、それぞれ約一四万人と約七万人と推計されている。

核兵器は、爆風、熱線、放射線の相乗効果により、甚大な被害をもたらす。そして、老若男女を問わず、たくさんの無辜の人びとを無差別に殺害する。また、被爆者たちは、たとえ原爆の惨禍から生き残ったとしても、放射線による被害で身体的および精神的に苦しみ続ける。それだけではない。被爆者たちは社会的な差別や偏見にも苦しむ。核兵器が非人道的な兵器であることに疑いの余地はない。

毎年、八月六日の広島と八月九日の長崎は、原爆の犠牲者への鎮魂と平和への祈りに包まれる。そして、その広島と長崎から国際社会に向けて、核兵器を廃絶せよという声が発せられる。

にもかかわらず、国際社会の現実に目を向ければ、世界には約一万三千発もの核兵器が存在している。その具体的な内訳は、二〇二一年一月現在、米国が五五五〇発、ロシア六二五五発、英国二二五発、フランス二九〇発、中国三五〇発、インド一五六発、パキスタン一六五発、イスラエル九〇発、北朝鮮四〇～五〇発となっている（SIPRI 2021:17）。これらの国は、主として安全保障上の理由で核兵器を保有している。[3]すなわち、核兵器を保有する国は、同兵器の使用に言及することで、自国の安全保障の確保を試みているのである。直近の事例としては、ウラジーミル・プーチン大統領の発言があげられよう。二〇二二年二月二四日、ロシアがウクライナへの侵攻を開始した際、プーチン大統領は「ロシアは世界最強の核保有国の一つで、優位に立つ最新兵器もある。我が国への直接的な攻撃は、侵略者に対して敗北と恐ろしい結果をもたらす」と演説している。[4]つまり、核兵器を使用するとの威嚇をおこなっているのである。

冷戦後、米ソ超大国の対立を発端とする核戦争の危険性が低下することで、核兵器の軍縮・不拡散措置の重要性が語られるなか、核戦略をめぐる思索の停滞という「核の忘却」の時代を迎えた。しかし現在、核兵器をめぐる国際政治状況が深刻化しており、再び核戦略論の議論が活発になっている。いまは「核の忘却」から「核の復権」という時代に突入している、との重要な指摘（秋山・高橋二〇一九）があるくらいだ。

これらの現実は、被爆者の声が国際社会のなかで響いていないということを意味しているのだろうか。また、この現実のなかで、核兵器の廃絶を目指すことは理想なのであろうか。

だが、私たちはもう一つの現実を見落としてはならない。国際社会で核兵器の非人道性を語ることは、決して無意味な行動ではない。その最たる例として、二〇一七年九月に署名のために開放され、二〇二一年一月に発効した核兵器禁止条約（Treaty on the Prohibition of Nuclear Weapons: TPNW）があげられよう。二〇二二年三月現在、この条約には八六カ国・地域が署名し、六〇カ国・地域が批准している。核兵器禁止条約は、核兵器の使用が「破壊的で非人道的な結末」（前文二項）をもたらすという認識のもと、「核兵器の使用による被害者（被爆者）」の「容認し難い苦しみ及び害」（前文六項）に留意して、核兵器の開発、実験、製造、取得、移譲、使用、使用の威嚇などを禁止している。すなわち、被爆者による語りは、核兵器の非人道性という認識を国際社会のなかで高めることで、核兵器禁止条約の成立に大きく貢献したと考えられるのだ。

ただし、核兵器を保有する国や「核の傘（nuclear umbrella）」に自国の安全保障を依存する国は、批准はもとより、署名すらしていない。これもまた、現実である。たとえば、米国、ロシア、英国、フランス、中国の五カ国は、安全保障の問題を考慮していない核兵器禁止条約が、核兵器不拡散条約（Treaty on the Non-Proliferation of Nuclear Weapons: NPT）[5]を軸とする核不拡散体制を脅かすとともに、将来のＮＰＴ再検討会議におけるコンセンサスの決定に否定的な影響を与えうる、と批判している（U.S. Department of State 2016）。

このように、いくつかの相反する現実があるなかで、あらためて問いかけたい。被爆者による核兵器の非人道性の語りには、国際政治において、どのような意義（プラスの影響）と課題（マイナスの影響）があるのだろうか。

この問いを受けて、ともかくも「意義があるだろう」と思った人にまずたずねてみたい。それは、どのような意義なのであろうか。逆に、被爆者が核兵器の非人道性を国際社会で語ることで、何か課題は生じないのであろうか。また、自国の安全保障のために、国家が核兵器を必要としているという現実について、どのように考えればいいのだろうか。何より、核兵器を廃絶すれば、核兵器をめぐる安全保障の問題は解決するといえるのであろうか。

つぎに、「意義はないだろう」と思った人に対して、たずねてみよう。なぜ、意義はないのだろうか。また、意義がないと考えることで、何か問題が起こらないのだろうか。そして、核兵器禁止条約の成立において、核兵器の非人道性の語りが重要な役割を果たしたという現実について、どのように考えればいいのだろうか。さらに問うとすれば、核兵器の廃絶は決して叶うことのない理想なのであろうか。何より、核兵器を保持すれば、核兵器をめぐる安全保障の問題は解決するのであろうか。

本書は、①被爆者による核兵器の非人道性の語りの意義と課題とは何か、②その課題を克服

表序-1　本書の立場

	理想と現実	倫理と力	核抑止の効用	安全保障の客体
非人道性を重視する立場（理想主義）	理想の重視 現実の軽視／無視	倫理の重視 力の軽視／無視	機能しない 機能しないかもしれない	人間
安全保障を重視する立場（現実主義）	現実の重視 理想の軽視／無視	力の重視 倫理の軽視／無視	機能する 機能するかもしれない	国家
非人道性と安全保障を重視する立場（理想主義的現実主義）	**理想と現実の重視**	**倫理と力の重視**	**機能しないかもしれない 機能するかもしれない**	**人間 国家**

注：ハイライト部分が本書の立場を示す。なお，筆者は基本的に，安全保障の客体として「人間」を中心に据え置くことが重要であると考えている。
出所：筆者作成。

するためには、どうすればいいのか、③そもそも、意義と課題があること自体、それはいったい、何を意味しているのか、を検討するものである。

二　本書の立場

つぎに、本書の立場を明らかにしておきたい。具体的には、①理想と現実、②倫理と力、③核抑止の効用、④安全保障の客体という四つの視点から、核兵器の非人道性を重視する「理想主義」、安全保障を重視する「現実主義」、非人道性と安全保障の双方を重視する「理想主義的現実主義」という三つの立場があることを指摘する。そのうえで、本書の立場が理想主義的現実主義であることを述べる（**表序－1**）。

（一）理想と現実

被爆者や核兵器の非人道性を重視する人たちは、軍事的な安全保障の問題を考慮せずに核兵器廃絶という「理想」を追求しているがゆえに、軍事的安全保障を重視する立場の人たちから「理想主義」としてみなされがちである。これに対して、軍事的安全保障を重視する立場の人たちは、国家が自国の安全保障を核兵器に依存しているという「現実」を強調するあまり、被爆者や核兵器の非人道性を重視する人たちから「現実主義」として捉えられがちである。

これは単純な二項対立の図式である。実際には、核兵器のない世界を目指しながら、軍事的安全保障の問題を考慮する人たち、すなわち理想と現実の両方を追求するという理想主義的現実主義（もしくは現実主義的理想主義）という立場も存在するからだ。本書は、この「理想主義的現実主義」の立場から、核兵器の非人道性と軍事的安全保障の問題を検討していく。

それでは、理想主義的現実主義の人たちは、理想と現実をどのように考えているのだろうか。また、理想主義と現実主義をどのように捉えているのだろうか。ここで、E・H・カーが記した名著『危機の二十年（*The Twenty Years' Crisis, 1919-1939*）』を通じて、それぞれの関係性を理想主義的現実主義[6]の人たちがどのように捉えているのかをみてみよう。

まず、理想と現実をどうみているかである。現実味を欠いた理想の追求と、理想なき現実の模索は、その描いた内容が相反する場合、対立することが多い。政治にも理想と現実という対立関係がみられる。政治は、「決して一致することのない二つの面にそれぞれ属している二つの要素、すなわちユートピアとリアリティから成っている」（カー 二〇一一：一九〇－一九一）のである。けれども、このことは、理想と現実の双方を考えるという思考法を排除するものでもない。私たちは、理想をかかげることで、現実を問い直すことができる一方、現実を問うことで、理想の実現可能性を探ることができるからだ。理想と現実は、その思考法において、相互補完的な役割をもっているのである。

それでは、理想主義と現実主義をどうみているのだろうか。カーによれば、理想主義（utopianism）と現実主義（realism）は対立関係にある。[7] 理想主義は「何が存在すべきかの考察に深入りして、何が存在したか何が存在するかを無視する傾向」があるという（カー 二〇一一：四〇）。これに対して現実主義は、「何が存在したか何が存在するかということから、何が存在すべきかを導き出す傾向」があると述べている（カー 二〇一一：四〇）。要するに、理想主義は目的を重視しすぎるあまり、手段を軽視するきらいがある。他方で、現実主義は手段を重視するあまり、目的を軽視する傾向がある、とカーは考えたのであった。

しかしながら、カーは、理想主義と現実主義が対立関係にあるからこそ、両者は補完関係にあるとも考えていた。カーによれば、「健全な政治思考および健全な政治生活」は、現実主義と理想主義の両方が「ともに存するところにのみその姿を現す」（カー 二〇一一：三九）。なぜなら、現実主義は理想主義の「行き過ぎ是正の手段として必要とされる時代」（カー 二〇一一：三九）がある一方で、他の時代においては、理想主義が現実主義の「不毛性に対抗するため呼び出される」（カー 二〇一一：三九）必要があるからだ。カーは、理想主義と現実主義の相互補完的な役割を踏まえたうえで、二つの主義の整合性をとらなければならないと説いたのである（原 二〇一一：五二三）(8)。

本書は、理想と現実の両方を重視して、すなわち「理想主義的現実主義（utopian realism）」という立場で、議論を展開していく。核兵器の非人道性にもとづく核兵器廃絶という「理想」と軍事的安全保障の問題という「現実」の双方を踏まえるということである。また、核兵器廃絶という「理想」を重視しながら、安全保障という「現実」にも注意を払うという意味合いを込めて、「現実主義的理想主義」ではなく「理想主義的現実主義」という用語を使用する。

（二）倫理と力の関係

理想と現実だけでなく、国際政治における倫理と力（power）の役割についてもみておきたい。

核兵器の非人道性を重視する立場は、国際政治において「倫理」の価値に重きを置いている。

というのは、人間のありようを問いながら、核兵器をめぐる価値判断を下しているからである。たとえば、核兵器の使用は無差別に無辜の人びとを殺害することから倫理的に許されない、といった具合である。これに対して、軍事的安全保障を重視する立場は、核兵器という物理的および心理的な「力」がもたらす影響、つまり、核兵器の使用をほのめかすことで、こちらの望まない行動を相手がとらないようにするという「力」の影響に、その重要性を見出している。はたして、国際政治において、倫理と力という二つの要素はどのように捉えられているのだろうか。以下、簡単に触れておこう。

倫理の要素のみを重視する立場は、国際政治における力の役割にさほど注意を払わない、もしくは、関心を示さない。しかし、国際政治において、力の要素を考慮しなければ、単なる「理想主義（idealism）」あるいは「空想主義（utopianism）」に陥る可能性がある。一方、力の要素だけを重視する立場は、国際政治における倫理の役割を軽視ないし無視しがちである。倫理の要素を考慮しなければ、「現実主義（realism）」は「冷笑主義（cynicism）」ないし「虚無主義（nihilism）」に堕することになる。(9)

本書は、国際政治における倫理と力の両方の要素を慎慮するという立場に立つ。なぜなら、次章で述べるように、国際政治は倫理や力の要素で動いているからである（ただし、国際政治における倫理の余地は小さい。この点については、次章で触れる）。また、倫理と力の両方をみることで、倫理もしくは力の要素の一方のみを重視するという立場からだけではみえてこない側面に、光を当てることができるだろう。

ところで、倫理の要素をもっぱら重視した場合、核兵器の使用は非人道的な結末をもたらすことから、核兵器を「廃絶」すべきであるという見解になりやすい。その一方で、力の要素のみを重視した場合、敵対国による攻撃を思いとどまらせることができるとの理由で、核兵器を「保有」すべきとの見解にいたることが多い。これらの見解は、一見、対極にあるようにみえる。なぜなら、廃絶は核兵器の「不存在」を、保有は核兵器の「存在」を、それぞれ意味しているからだ。

しかしながら、「物質主義（materialism）」という点で、両者は共通している。すなわち、核兵器廃絶を主張する人たちは、核兵器の不存在を実現すれば、核兵器をめぐる問題が解決すると考えがちである。これに対して、核兵器保有を主張する人たちは、核兵器の存在を保持することで、核兵器をめぐる問題が解決すると考えている。両者は、核兵器の不存在と存在のどちらを求めているのかという点では異なるものの、核兵器という物質の不存在／存在が同兵器に関する問題の解決に導くという共通の認識をもっている。このような物質主義にもとづく思考は、核兵器をめぐる政治という人間の営みを排除ないし軽視しがちとなる。換言すれば、核兵器という物質の不存在／存在のみを重視することは、非政治的な思考にほかならないということである。坂本義和が指摘するように、「軍縮の問題は、兵器の問題ではない。問題は兵器そのものにではなく、兵器を開発生産し、それで武装している人間にある」（坂本 一九八八：v）。

（三） 核抑止の効用

つぎに、核抑止の効用についても、本書の立場を示しておこう。「核抑止（nuclear deterrence）」とは、核兵器の使用という威嚇を通じて、こちらの望まない行動を相手が実行しないように思いとどまらせることである。核抑止が成立するためには、①核兵器による報復という脅しの意志と能力をもっていること、②その脅しが現実になると相手側が認識していること（信憑性）、③これら①と②の状況をもたらすコミュニケーションの手段があること、である。さらに、この三つの条件を満たすために、④合理的に行動すること、が重要となる。

核兵器の非人道性を重視する人たちは、核抑止は機能しない、もしくは、機能しないかもしれないとの前提で、核兵器の政治的および軍事的意義を低くみる傾向がある。その一方で、軍事的安全保障を重視する人たちは、核抑止は機能する、あるいは、機能するかもしれないとの前提に立って、核兵器の政治的および軍事的意義を高く見積もる傾向がある。もちろん、これらは単純な見方である。たとえば、核兵器の非人道性を重視している人が、核抑止は機能するという立場をとることもあるからだ。

はたして、核抑止は機能するのだろうか。少し長いが、一九八〇年にクルト・ワルトハイム国連事務総長（当時）が第三五回国連総会に提出した報告書『核兵器の包括的研究』の一部を引用しておこう。

核抑止論にもとづく安全保障体系にたいし向けられる、おそらくもっとも手きびしい批判は、抑止が成り立たなくなった場合、どうなるのかという問題に関連したものである。抑止はこれまで世界的紛争を防いできたのであり、したがって抑止は機能してきたのだといわれている。歴史的、政治的、その他の多くの要因がこの問題で考慮に入れられねばならないということはさておくとして、抑止が働いているというのはわかりきったことを言っているにすぎない。なぜなら、この主張は歴史がそれを否認するときまでは真理でありつづけるからである。（国連事務総長報告 一九八二：一一七）

また、岩田修一郎もつぎのように述べる。

抑止の成立は結果としてのみ判定され、抑止成立のプロセスは目に見えない。実際に戦争が起きたら、抑止は崩れたことになり、抑止戦略は失敗したことが分かる。戦争が起きなければ抑止は維持されていたことになるが、それは抑止戦略が効果的に機能していたためなのか、別の理由（敵に攻撃の意図がなかったためかもしれない）によるものなのか分からない。（岩田 一九九六：三七）

すなわち、核抑止が功を奏するかどうかは、結果にもとづくということである。核兵器が使用されていないあいだは、その理由の一つとして、核抑止が機能しているといえるのかもしれない。だが、核兵器が使用されてしまえば、その理由の一つとして、核抑止は機能しなかったからだという可能性もある。このように、核抑止の効用については、その結果にきわめて強く依存している以上、核抑止が成立するかどうか、その未来を問うことは不毛であろう。それゆえ、核抑止が機能しない、ないし、機能すると断定的に主張することはできないのである。

ただし、「核抑止は機能しないかもしれないので、核兵器を廃絶すべきである」という主張は大切である。なぜなら、核抑止は実際に機能しない可能性があるからだ。しかし一方で、核抑止は機能するかもしれない。それゆえ、「核抑止は機能するかもしれないので、核兵器を保持すべきである」という主張を無下に退けることはできない。

この「核抑止は機能しないかもしれないので、核兵器を廃絶すべきである」という見解と、「核抑止は機能するかもしれないので、核兵器を保持すべきである」という見解は、当然のことなから、相容れない。本書は、核抑止は機能しないかもしれないし、機能するかもしれないという前提のもとで、核兵器のない世界を実現していくための知を構築する一つの試みである。[10]ただし、当然のことながら、非暴力な手段のみを通じて平和を実現すべきと考える絶対平和主義の立場からすれば、核抑止が核兵器という「暴力」に依存している以上、核抑止が機能するかもしれないという前提それ自体に対して、大きな疑問符がつけられることになろう。

(四) 安全保障の客体

最後に、誰のための安全保障なのかという点、つまり安全保障の客体を確認しておきたい。既述したように、核兵器の非人道性を重視する人たちは、軍事的安全保障の問題を考慮していないと捉えられがちである。しかし、安全保障の問題をまったく考慮していないというわけではない。核兵器の非人道性を重視する人たちは、安全保障の客体として、人間を中心に据え置くことが多いからである。すなわち、「人間の安全保障（human security)」を重視しているのだ。これに対して、軍事的安全保障を重視している人たちは、国家を中心とする安全保障、すなわち国家安全保障（national security）もしくは国際安全保障（international security）を重視しがちである。

ここでは、人間の安全保障と国家の安全保障が、どのような関係にあるのかについては論じない。[11] ただし、安全保障を人間の安全保障と捉えるのか、もしくは、国家の安全保障と捉えるのかで、核兵器の非人道性と安全保障の関係性は大きく異なるという点だけを確認しておきたい。

まず、安全保障を人間の安全保障と捉えるのであれば、核兵器の非人道性と人間の安全保障は「補完関係」になる。なぜなら両者は、いずれも人間を中心軸に、核兵器と安全保障の関係を考えるからである。そして、人間の安全保障を重視するのであれば、核兵器の使用は非人道的結末をもたらす以上、核兵器のない世界を達成することが政策目標となろう。

しかしながら、安全保障を国家の安全保障と捉えるのであれば、核兵器の非人道性と国家の安全保障の関係は、補完的にもなり、また、対立的にもなりうる。国家安全保障の確保という「手段」を通じて、核兵器使用による非人道的結末の回避という「結果」を得ることができるのであれば、核兵器の非人道性と国家の安全保障は「補完関係」になるといえよう。この場合、国家の安全保障を確保することが第一の政策目標となる。

ところが、この補完関係は、人間の安全保障を重視する立場の目からすれば、「対立関係」にほかならない。というのは、核兵器使用による非人道的結末の回避という「結果」を得ることができないのであれば、国家安全保障の確保という「手段」は、人間の安全保障を脅かす手段に転じてしまうからである。何より、人間の安全保障を重視する立場からすれば、自国や敵対国の国民を人質にとる核抑止という「手段」を通じて、核兵器使用による非人道的結末を避けようとする試みそれ自体が、国家安全保障の確保という名のもとで、人間の安全保障を脅かしているものと映る。

人間の安全保障を重視して、核兵器のない世界の実現を試みることは、きわめて重要である。だが、核兵器保有の一つの理由が国家の安全保障と深く関わっている以上、人間の安全保障だけでなく、国家の安全保障にも目を向けることが求められているのではないだろうか。人間の安全保障のみを重視して核兵器廃絶を試みることは難しいのではないか、ということである。そこで、本書は、人間の安全保障だけでなく国家の安全保障も重視したうえで、核兵器の非人道性と安全保障のはざまで、議論を進めていきたい。

本書は、「理想主義的現実主義」の立場をとることで、「理想＝核兵器廃絶vs.現実＝軍事的安全保障」という二項対立にもとづく思考の相対化と練り直しを試みる。すなわち本書は、被爆者が国際社会において核兵器の非人道性を語ること、それは、核兵器の規範的抑制をもたらすという意義がある反面、①核抑止論と核武装論の正当性を強める可能性があり、加えて、②日本社会の被爆者たちの声をかき消してしまうおそれがあるとの課題を指摘する。そのうえで、意義と課題が存在することの意味合いを検討するとともに、課題を克服するための道筋を模索していく。

三　先行研究における本書の位置づけ

本書で明らかにしたいことは、被爆者による核兵器の非人道性の語りが、国際政治において、どのような意義と課題があるのだろうか、である。いいかえれば、核兵器の非人道性という倫理的要素が国際政治に及ぼす影響とは何か、ということである。この問いかけに関する先行研究は、次章から詳しく取り上げていく。だが、本書の位置づけを明確にするために、ここでは、少なくとも以下の三冊には触れておかなければならない。

一冊目は、古典的名書というべき、ジョセフ・S・ナイ・ジュニアの『核戦略と倫理（*Nuclear Ethics*）』（ナイ 一九八八、原著初版一九八六）である。ナイは、核兵器の使用をめぐる政治と倫理の議論を踏まえたうえで、「核の倫理についての五つの公理」を提示している。すなわち、①「動機」として「自衛は正当だが限界をもった大義名分である」、②「手段」として「核兵器をけっして通常兵器とおなじようにあつかってはならない」、③「無辜の民への被害を最小限にせよ」、④「結果」として「短期的には核戦争のリスクをさげよ」、そして⑤「長期的には核兵器への依存度をさげよ」と主張している（ナイ 一九八八：一四七－一九二）。この核の公理は、「すべての核のディレンマを解決しようともくろむものではない」が、指導者らに「正しい判断をくだすうえでの直感の基礎となるものをあたえる」（ナイ 一九八八：一九三）。このナイの『核戦略と倫理』は、核兵器の使用とその威嚇について、政治と倫理の両側面から本格的に検討しており、いわゆる「核の倫理（nuclear ethics）」という一つの研究テーマを確立したといってよい。けれども同書は、核兵器の非人道性を語ることの国際政治上の意義と課題を十分に検討しているとはいいがたい。

二冊目は、ニーナ・タンネンワルドの『核禁忌（*The Nuclear Taboo*）』（Tannenwald 2007）である。タンネンワルドは、社会的規範と行為主体の相互作用に注目する社会構成主義（social constructivism）の立場[12]から、核兵器の使用をめぐる政治と倫理について深く検討を試みた。彼女は、朝鮮戦争、ベトナム戦争、そして湾岸戦争を事例に取り上げて、一九四五年以降、米国が核兵器を使用しなかった要因を考察する。その結果、核兵器が使用されなかったのは、核抑止の存在とともに、核兵器を使用してはならないという規範、すなわち「核禁忌（nuclear taboo）」が存在していたからであると主張した。もちろん、この主張は、核兵器不使用の要因として、核抑止よりも核禁忌のほうが重要であるという点に、その主眼がある。彼女は、ヒロシマ・ナガサキに起源をもつ核禁忌という概念を提起することで、核兵器の非人道性の語りがもたらす国際政治上の意義を示したといえよう。その意味で、『核禁忌』により、核兵器の使用をめぐる政治と倫理の研究は大きく進展した。ただし、国際政治において、被爆者が核兵器の非人道性を語ることで生じる課題については、深い検討を試みていない。また、何より、意義と課題が同時に存在していることの意味合いについて、いまだ十分に解き明かしているとはいえない。

最後の三冊目は、トーマス・E・ドイルの『二一世紀における核の倫理（*Nuclear Ethics in the Twenty-First Century*）』（Doyle 2020）である。ドイルは、冷戦後の核兵器をめぐる国際政治状況を踏まえたうえで、生存、安全保障、国際秩序、そして国際正義をキーワードに、二一世紀における核の倫理についての四つの公理を提示した。すなわち、①国家の安全保障と人間の安全保障の双方を必ず重視しなければならないこと、②核兵器の先制攻撃もしくは復仇としての核兵器使用を慎むこと、③核兵器に「悪の烙印を押す（stigmatize）」こと、④核兵器の軍備管理と軍縮を検討する際には公平性の原則を確認することを指摘している。この『二一世紀における核の倫理』は、ナイの『核戦略と倫理』を批判的に継承しながら発展させており、核兵器の使用をめぐる政治と倫理の研究をさらに進展させたといえる。しかし、それでもやはり、被爆者による核兵器の非人道性の語りが、国際政治において、どのような意義と課題があるのかは明らかにしていない。

なお、中本義彦は、ナイの『核戦略と倫理』を紹介したうえで、「非核保有国やテロリストへの核兵器の拡散が懸念されている現在、『核の倫理（nuclear ethics）』はもう一度、真剣に考察されるべき問題であり、本書はその出発点となるべき好著である」と指摘していた（中本二〇一五：三二三）。この指摘は、二〇〇六年の初版のなかでなされていることから、『二一世紀における核の倫理』が刊行される約一五年前から、中本は核の倫理に関するさらなる研究の必要性を説いていたということになる。卓見である。

四　用語の確認

最後に、本書の重要なキーワードである被爆者と核兵器について、その内容を確認しておきたい。

（一）被爆者

まず、「被爆者」とは誰かである。本書でいう被爆者とは、一九四五年に広島と長崎に落とされた原爆の被害者を指す。それゆえ本書では、原発事故や核実験などで被害を受けた「被曝者」については、考察の対象外となる。もちろん、被爆者だけでなく被曝者も取り扱うことは重要である。なぜなら、被爆者であれ被曝者であれ、放射線による被害を受けたという点で同じだからである。ただし、被曝者のなかには、被爆者と同じカテゴリーに分類されることに拒否感を示す人たちもいる（逆もしかり）。また、被爆者と被曝者のあいだには不協和音が生じることもある。たとえば被爆者は、二〇一一年の福島第一原発事故後、反原発を含む社会運動を展開している人たちから、反原爆のみを主張しているとの批判にさらされているという（直野二〇一五：五）。しかし本書は、被爆者のみに焦点を当てて考察していく。

二〇二〇年三月現在、被爆者の数は一三万六六八二人で、その平均年齢は八三・三一歳となっている（厚生労働省 二〇二〇）。ただし、この厚生労働省に認定されている「被爆者」は、「被爆者健康手帳」を所持している人たちである。しかしながら、この手帳を所持していないものの、原爆で放射線を浴びた人たちがいる。たとえば、いわゆる「黒い雨訴訟」といったように、被爆者健康手帳の交付却下処分の取り消しと交付を求める人たちが存在していることを看過してはならない。

さて、被爆者は大別して二つに分類することができる。まず、核兵器の非人道性を「語る」被爆者である。つぎに、差別や偏見への恐れから、または罪悪感やトラウマの苦しみなどから、核兵器の非人道性を「語らない／語れない」被爆者である。本書では、第Ⅱ部で核兵器の非人道性を「語る」被爆者を、第Ⅲ部においては核兵器の非人道性を「語る」被爆者と「語らない／語れない」被爆者を、それぞれ取り扱う。

（二）核兵器

つぎに、「核兵器」という用語に関連して、三点、確認しておきたい。

一点目は、核兵器とは何かである。核兵器には、広島と長崎を壊滅させたような一般的な核兵器もあれば、低出力の「小型」核兵器もある。ただし、小型といっても、広島に投下された原爆の三分の一の威力をもつ。本書で扱う核兵器とは、爆風、熱線、放射線の相乗効果により甚大な被害をもたらすと同時に、無辜の人びとを多く無差別に殺害するという一般的な核兵器を主に指す。[13] なお、一般的な核兵器であれ小型の核兵器であれ、爆発の威力は異なるものの、放射線による「不必要な苦痛（unnecessary suffering）」を与えるという点で、両者が非人道的兵器であることにかわりはない。

二点目は、核兵器を使用する「主体」とは誰かである。冷戦終結後、とりわけ二〇〇一年の九・一一同時多発テロ事件以降、テロリストによる核兵器使用の危険性が「恐怖のシナリオ」として懸念されている（アリソン 二〇〇六）。しかし本書は、核兵器を使用する主体を国家に限定して、議論を展開していく。[14]

三点目は、核兵器の「使用（use）」と「使用の威嚇（threat of use）」とは何かである。核兵器の使用は、核兵器が使用されるという「結果」を意味する。これに対して、核兵器の使用という威嚇は、あくまで威嚇という「手段」であって、必ずしも核兵器の使用という「結果」をともなうものではない。したがって、核兵器使用の意味は、二つの文脈で考えることができる。一つは、核兵器を実際の戦争で使用するというものである。いま一つは、核兵器を実戦で使用しないものの、外交（とくに威嚇型外交）において使用するというものである。具体的には、核兵器を使用するという威嚇、つまり核抑止として核兵器を使用するという意味である。本書では、これら二つの文脈を踏まえながら、被爆者による核兵器の非人道性の語りを通じて、核兵器が実戦で使用されにくくなる一方、他方で外交において使用される可能性が高まるという逆説的な議論を展開していくことになる。

五　本書の構成

本書は、三つの部と序章・終章を含む八つの章で構成されている。

被爆者による核兵器の非人道性の語りは、核兵器の使用が倫理に反するという認識にもとづいている。そのため、まず第Ⅰ部では、核兵器の使用をめぐる政治と倫理について、その基本的知識を確認する。第一章「国際政治と倫理」は、国際政治と倫理の関係を概観したうえで、国際政治における倫理の余地を確認する。そのうえで、第二章「正戦論・義務論・帰結主義」は、核兵器使用の道義性について、正戦論の枠組みと、義務論と帰結主義の枠組みを用いて、それぞれ検討をおこなう。さらに第二章では、義務論と帰結主義から導き出される見解について、その意味合いを明らかにする。

第Ⅱ部は、国際政治における倫理の余地が小さいなかで、核兵器の非人道性を国際社会で「語る」被爆者が、国際政治にどのような影響を及ぼすのかを検討する。まず、第三章「禁忌論」は、核兵器を使用してはならないという社会的規範、すなわち「核禁忌」の概念に着目することで、国際政治上の意義を検討する。第四章「アポリア論」では、「アポリア（aporia＝難問、行き詰まり）」という概念のもとで、被爆者による核兵器の非人道性の語りがもたらす課題を述べる。そのうえで、第四章は、国際政治における意義と課題が同時に存在していることについて、その意味合いを検討する。

第Ⅲ部は、被爆者による核兵器の非人道性の語りを深く理解するために、核兵器の非人道性を「語る」被爆者だけでなく、「語らない／語れない」被爆者にも着目する。第五章「多様性」は、被爆者の多様性を指摘したうえで、国際社会で核兵器の非人道性を語る被爆者が、日本社会に存在する「語る」被爆者と「語らない／語れない」被爆者に与える影響を考える。第六章「時間性」では、「語る」被爆者と「語らない／語れない」被爆者がもつ時間性に注目しながら、被爆者による核兵器の非人道性の語りを記憶・継承していくためにはどうしたらよいのか、若干の考察を試みる。
最後の終章では、各章の要点を述べたうえで、本書の今後の課題を示す。

注

（1）被爆者の語りは、「ヒロシマ・ナガサキ」と変換されて、その悲劇のストーリーが語られる。また、国際社会において、ヒロシマ・ナガサキを語る被爆者は「hibakusha」と表記される。たとえば、二〇一七年に採択された核兵器禁止条約の前文六項には「核兵器の使用による被害者（hibakusha）」の「容認し難い苦しみ及び害」に留意すると明記されている。

（2）日本は、核兵器のない世界の実現を目指す一方で、同盟国の米国が提供する核抑止に自国の安全保障を依存している。この日本外交のスタンスについては、佐藤（二〇一八）を参照のこと。なお、日本の核軍縮・不拡散外交は、すでに戦時中から展開されていた。一九四五年八月一〇日、当時の大日本帝国政府は、広島に落とされた「新型爆弾」について、スイス政府を通じて米国政府に抗議文を提出している。その抗議文のなかで大日本帝国政府は、「無差別性惨虐性を有する」原子爆弾が使用されたことは、「人類文化に対する新たなる罪悪」であると述べ、「非人道的兵器の使用を放棄すべきことを厳重に要求」した（『朝日新聞』東京版、一九四五年八月一一日）。

（3）国家が核兵器を保有する主な背景には、①安全保障の確保、②アイデンティティの模索（国家の威信）、③国内政治上の理由、という三つの要因がある（Sagan 1996）。

（4）『読売新聞』二〇二二年三月一日。

（5）NPTは、一九六八年七月に署名され、一九七〇年三月に発効した。同条約は、「核戦争が全人類に惨害をもたらす」（前文一項）という認識のもと、「核兵器の拡散が核戦争の危険を著しく増大させる」（前文二項）と述べている。NPTは、同条約の締約国を米露英仏中の「核兵器国」とそれ以外の「非核兵器国」とに分類（第九条三項）したうえで、①核兵器拡散の防止（第一条・第二条）、②原子力平和利用の推進（第四条）、③核軍縮に関する誠実な交渉の実施（第六条）という、三つの重要な目的を定めている。二〇二二年五月現在、一九一の国・地域がNPTに加入している。

（6）もちろん、この理想主義的現実主義という用語は新しいものではない。たとえば、Booth（1991）とHowe（1994）は、カーを理想主義的現実主義者として位置づけた。いずれもポスト実証主義的な思考をもつ理想主義的現実主義者としてカーを捉えている。カーの理想主義と現実主義をめぐる議論の詳細については、佐藤（二〇二二）を参照されたい。本書は、核兵器の非人道性にもとづく核兵器廃絶という理想と軍事的安全保障の問題という現実の双方を重視するという意味で、理想主義的現実主義という用語を用いている。

（7）『危機の二十年』の原著では、理想主義には本来のidealismではなく、空想主義を意味するutopianismが用いられている。当然のことながら、理想主義と空想主義は大いに異なる。だが、同書を翻訳した原彬久が指摘しているように、カーにとってutopianismはidealismをも「包摂する広義の理想主義」（原 二〇一一：五一二）であったと解釈することができよう。つまり、utopianismとidealismを明確に区別する必要はない。そこで、本書では、utopianismの訳語として理想主義を用いる。

（8）この点に関連して、カーはつぎのように指摘する。「今日のユートピアをリアリズムの武器でもって粉砕した暁には、われわれはさらにみずからの新しいユートピアを築く必要がある。もっとも、この新しいユートピアも、いつかは同じリアリズムの武器によって倒されるであろう」（カー 二〇一一：一九〇）。カーは、いまの理想主義という「正」を、現実主義という「反」で捉え直すことで、新しい理想主義という「合」を築き上げようとした。すなわち、弁証法にもとづいて、理想主義と現実主義の対話を実践していたのである。カーは、このような思考のもとで、第一次世界大戦後の国際秩序や「利益調和説」を批判した。詳細については、三牧（二〇二一）を参照のこと。

（9）高坂正堯は、倫理という言葉を用いていないものの、「国家が追求すべき価値の問題を考慮しないならば、現実主義は現実追随主義に陥るか、もしくはシニシズムに堕する危険がある。また価値の問題を考慮に入れることによってはじめて、長い目で見た場合にもっとも現実的で国家利益に合致した政策を追求することが可能となる」（高坂 一九六三：四二）と述べている。

（10）平和主義については、たとえば、松元（二〇一三）を参照されたい。

（11）人間の安全保障と国家の安全保障の関係には、①「補完」、②「対抗」、③「統合」の三つがある。詳細については、押村（二〇〇四）を参照のこと。

（12）社会構成主義の立場から安全保障の問題を考察した研究については、たとえば Katzenstein ed.（1996）を参照のこと。なお、化学兵器に関する禁忌については、Price and Tannenwald（1996）を参照されたい。

（13）核兵器には、戦略核兵器（射程五五〇〇キロメートル以上）、戦域核兵器（射程五〇〇～五五〇〇キロメートル）、戦術核兵器（射程五〇〇キロメートル以下）の三つの種類がある。

（14）なお、指摘だけにとどめておくが、もしテロリストを非合理的主体であるとみなすのであれば、合理的思考が求められる核抑止や核禁忌による核兵器使用の抑制という試みは、功を奏さないということになろう。

第Ⅰ部

核兵器の使用をめぐる政治と倫理

扉写真：永井隆が原爆症の研究と執筆活動をおこなった如己堂（長崎）

第一章

国際政治と倫理

政治学は、何が存在するかについての学問であるのみならず、何が存在すべきかについての学問でもある。（カー 二〇一一：二九）

被爆者による核兵器の非人道性の語りは、同兵器の使用は倫理的に許容できないという認識にもとづいている。それゆえ第Ⅰ部では、核兵器の使用をめぐる政治と倫理について、その基本的知識を確認する。第一章は国際政治と倫理の関係一般を、第二章では核兵器使用の道義性を、それぞれ述べていく。

まず、本章では、国際政治と倫理の関係について概観する。第一節において、国際政治と倫理の関係を紹介する。つづく第二節では、国際政治において倫理が影響する余地を確認する。

一　国際政治と倫理

まず、国際政治と倫理の関係を簡単に述べておこう。ここでは、倫理を主に取り扱う国際政治学の研究領域を紹介するとともに、国際政治における倫理的命題とはどのようなものなのかをみていこう。

（一）規範理論・国際倫理（道徳）・グローバル倫理

国際政治学（International Politics）もしくは国際関係学／国際関係論（International Relations）という学問[1]には、現実主義（realism）／新現実主義（neo-realism）、自由主義（liberalism）／新自由主義（neo-liberalism）、マルクス主義（Marxism）、社会構成主義（social-constructivism）、規範理論（normative theory）、英国学派（English School）、批判理論（critical theory）、フェミニズム（feminism）、ポストモダニズム（post-modernism）、ポストコロニアリズム（post-colonialism）など、さまざまな理論がある。これらの国際政治学の理論のなかで、倫理的命題を主に取り扱うのが規範理論である。規範理論は、「国際関係の出来事に対する倫理的『判断』」（中本 二〇一五：二九六）を考察することに、その重きを置く立場である。なお、倫理を取り扱う国際政治学は、国際倫理（International Ethics）ないし国際道徳（International Morality）と呼ばれる。あるいは、グローバル倫理（Global Ethics）と呼ばれることもある。

規範理論・国際倫理（道徳）・グローバル倫理は、国際政治に関する理論を扱った国際政治学の教科書のなかで、いまや欠かすことのできない章となっている。たとえば、海外では、『世界政治のグローバリゼーション（*The Globalization of World Politics*）』の第一一章「国際倫理」（Shapcott 2008）、『国際関係理論（*International Relations Theory*）』の第一三章「規範的国際関係理論」（Erskine 2016）などで、それぞれ取り扱われている。日本でも、たとえば『国際関係理論』の第一〇章「規範理論」（中本 二〇一五）のなかで、国際政治と倫理に関する基礎知識が整理されている。

国際政治を動かすのは力や利得だけではない。倫理も国際政治を動かす重要な要素の一つである。しかしこれは、なにも国際政治にかぎったことではない。国内政治も、力、利得、倫理などを要素として動く。もとより、力、利得、倫理などにもとづいて行動するのが、人間の営みというものであろう。[2]

（二）国際政治の倫理的命題

それでは、現代世界で生じている現象や出来事に関して、どのような倫理的命題があるのだろうか。紛争、兵器、テロ、難民／国内避難民、人権、環境、ジェンダーなどのイシューにおいて、政治と倫理の両面から考察すべき問いはたくさんある。しかしここでは、核兵器、「人道的干渉（humanitarian intervention）」[3]もしくは「人道的介入」、そして貧困と飢餓をめぐる問題を例に取り上げることで、国際政治における倫理的問いかけとはどのようなものなのかをみてみよう。

まず、核兵器である。第二章で詳しく論じるように、本書で取り扱う核兵器に関しては、倫理的判断の考察が強く求められている。たとえば、広島と長崎への原爆投下は、道義上、許されるのだろうか。原爆は、無辜の人びとを無差別に殺害した以上、決して許されないという見解がある。この見解はとくに日本社会に多い。核兵器は「絶対悪（absolute evil）」との認識である。しかし他方で、米国やアジア諸国では、原爆投下は日本の降伏をもたらしたことから、米兵の命だけでなく、アジアの人たちの命をも救ったとの理由で許容される、という見解もある。核兵器は絶対悪ではなく「必要悪（necessary evil）」として認識されているのである（もちろん、日本人のなかにもこのように考える人もいよう）。はたして、広島と長崎への原爆の投下は、「必要」なものとして許されるのだろうか。

なお、二〇〇五年にＮＨＫ広島放送局らが実施した「広島・日本・アメリカ原爆意識調査」（小林 二〇〇五：三〇）によれば、「原爆投下の是非」について、広島の一五・九パーセント、

表1-1　原爆投下の是非

「太平洋戦争の末期に，アメリカが，広島・長崎に原爆を投下したのは，正しい判断だと思いますか。それとも間違った判断をしたと思いますか。あなたのお感じに近いものを，この中から1つだけお答えください。」

	広島	日本	米国
明らかに正しい判断だった	2.1%	0.9%	22.3%
たぶん正しい判断だった	13.8%	14.6%	**34.3%**
たぶん間違った判断だった	37.2%	33.4%	21.5%
明らかに間違った判断だった	**41.3%**	**38.5%**	14.7%
わからない，無回答	5.6%	12.7%	7.2%

出所：小林（2005: 30）をもとに筆者作成。

日本の一五・五パーセント、米国の五六・六パーセントが「明らかに／たぶん正しい判断だった」と回答し、そして広島の七八・五パーセント、日本の七一・九パーセント、米国の三六・二パーセントが「たぶん／明らかに間違った判断だった」と回答している（**表1－1**）[4]。また、「原爆投下肯定の理由」については、広島の六七・一パーセント、日本の六〇・六パーセント、米国の六三・五パーセントが「戦争を早く終わらせることができたと思うから」と考え、加えて、広島の二三・二パーセント、日本の二九・一パーセント、米国の一二・五パーセントが「戦争には日本にも責任があったと思うから」と回答している。

また、そもそもとして、核兵器を使用することは倫理的に許容できるのだろうか。この問いかけについては、個人の尊厳という点で、核兵器の使用は倫理に反するという見解がある。核兵器は、老若男女を問わず、無差別に多くの人たちを殺害する「手段」であるからだ。けれども、国家の安全保障という点からすれば、核兵器使用は倫理的に許容できるという見解もある。核兵器の使用は、自国民の安全を守ることができるという「結果」をもたらすかもしれないからだ。私たちは、核兵器使用の道義性をどのように考えればいいのだろうか。

核兵器をめぐる政治と倫理について、もう一つだけ重要な事例を紹介しておきたい。それは、二〇〇九年四月のバラク・オバマ米国大統領によるフラチャニ広場でのプラハ演説[5]である。オバマ大統領は、核兵器のない世界に向けて、「核保有国として、核兵器を使用したことがある唯一の核保有国（the only nuclear power to have used a nuclear weapon）として、米国には行動する道義的責任（moral responsibility）があります」（傍点は引用者）と演説した。倫理は核兵器をめぐる国際政治を動かしているのである。このオバマ大統領の演説は、一九四五年一〇月のハリー・S・トルーマン大統領による演説との関連で大変興味深い。

われわれがこの新しい破壊力（引用者注：核兵器）を手にしていることを、われわれは神聖な委託によるものと考える。世界の思慮深い人々は、われわれが平和を愛しており、その信頼が決して破られることなく誠実に遂行されることを知っているはずである。（西崎 二〇〇四：一二六）

すなわち、米国は「世界で随一の道義的な国」（傍点：引用者）であるがゆえに、核兵器の保有と使用が許される、という論理である（西崎 二〇〇四：一二六）。このような米国が、「唯一の核保有国」として、核兵器のない世界に向けて行動するという道義的責任があると述べたことは、歴史的意義をもつ。とりわけ、「唯一の戦争被爆国」である日本にとっては重要であろう。もちろん、この道義的責任ゆえに、すぐさま核兵器廃絶が実現していくというわけではない。オバマ大統領は、同じ演説のなかで、国家安全保障戦略における核兵器の役割を縮小する一方で、核兵器が存在するかぎりにおいて核抑止に依存する、と明確に述べているからである[6]。

国際政治における倫理的命題のつぎの例は人道的干渉である。人道的干渉とは、人道的危機を防止するために、いわゆる「内政不干渉の原則」を犯して武力を行使することである。国連憲章の第二条七項は、国連の加盟国は自らの内政について他国からの干渉を受けないと定めている。これが、内政不干渉の原則である。しかし、一九九〇年代のボスニアやルワンダのように、ジェノサイド（集団殺害）といった人道的危機が起こりそうなとき、国際社会はどうしたらいいのだろうか。国連憲章にしたがって、内政不干渉の原則を守るべきなのだろうか。だが、それは人道的危機を座して見過ごすことにほかならず、その結果、多くの民間人が犠牲となる。このような行為は、はたして倫理的に許されるのだろうか。また、人道的危機を阻止するために、たとえそれが国連憲章第七章にもとづく強制措置であったとしても、空爆といった武力の行使は倫理的に許されるのだろうか。いいかえれば、暴力をなくすための暴力は、倫理的に認められるのであろうか。

最後にあげる例は貧困と飢餓である。たとえば、私たちはなぜ、日本国内に貧しい人たちがいるにもかかわらず、地理的に遠く離れたアフリカの貧しい人たちを援助するのだろうか。その理由の一つとして、アフリカの貧しい人たちも助けなければならないという倫理的判断があるのではないだろうか。地理的距離は心理的距離と必ずしも同じではないのである。国際社会では現在、九人に一人が栄養不足で苦しんでいる状況にある。にもかかわらず、日本の社会に目を転じると、年間約六一二万トン（東京ドーム約五杯分）の食品ロスがあり、国民一人あたりに換算すれば、お茶碗一杯分の食料を毎日捨てていることになる（農林水産省 二〇二〇）。このような私たちの日常生活での行為は、倫理的に許されるといえるのだろうか。生まれたところがたまたま異なるだけで、十分な食事にありつけないというのは、仕方がないことなのだろうか。

このように、現代世界で起こる現象や出来事について、それらを深く理解・説明するためには、倫理的判断の考察が求められているのである。

（三）規範理論・国際倫理（道徳）・グローバル倫理の展開

規範理論・国際倫理（道徳）・グローバル倫理は、冷戦終結後に著しくその学問的発展を遂げていく。その背景の一つとして、さきほど紹介したように、人道的干渉といったさまざまなイシューにおいて、倫理的判断の考察が強く求められるようになったという点があげられよう。もちろん、冷戦期において、国際政治に関する倫理的判断の考察がまったくなかったというわけではない。たとえば、マイケル・ウォルツァー（二〇〇八）の『正しい戦争と不正な戦争（*Just and Unjust Wars*）』（原著初版一九七七）、チャールズ・ベイツ（一九八九）の『国際秩序と正義（*Political Theory and International Relations*）』（原著初版一九七九）、スタンリー・ホフマン（一九八五）の『国境を超える義務（*Duties beyond Borders*）』（原著初版一九八一）といった優れた研究がある。

しかしながら、倫理的問いかけを中心に国際政治を考える入門書や研究書が世に多く出てきたのは、やはり冷戦後であった。実際に海外では、『国際関係理論（*International Relations Theory*）』（Brown 1992）、『倫理と国際情勢（*Ethics & International Affairs*）』（Rosenthal ed. 1995）、『国際関係における倫理（*Ethics in International Relations*）』（Frost 1996）、『国際倫理（*International Ethics*）』（Amstutz 1999）、『倫理と国際情勢（*Ethics and International Affairs*）』（Coicaud and Warner eds. 2001）、『国際倫理学（*International Ethics*）』（Shapcott 2010、邦訳二〇一二）、『グローバル倫理（*Global Ethics*）』（Hutchings 2010）、『倫理と世界政治（*Ethics and World Politics*）』（Bell ed. 2010）といった書籍が本棚を彩っている。日本では、海外の研究動向から約一〇年ほど遅れは

したものの、『国際正義の論理』（押村 二〇〇八）、『国際政治思想』（押村 二〇一〇）、『国際政治哲学』（小田川・五野井・高橋編 二〇一一）、『世界正義論』（井上 二〇一二）、『国際政治のモラル・アポリア』（高橋・大庭編 二〇一四）、『国際関係論のアポリア』（市川・松田・初瀬編 二〇一二）などの研究蓄積により、その差は徐々に縮まりつつあると思われる。[7]

本書では、これらの先行研究を俯瞰することで、国際政治学と倫理に関する理論的発展と実証的検証の蓄積が、どのような意味合い[8]をもっているのかについては検討しない。ただ本書では、国際政治学において、現代世界の現象と出来事を政治および倫理の両面から考察する研究領域があることだけを確認しておきたい。

二 国際政治における倫理の余地

それでは、倫理的要素はどの程度、国際政治に影響を及ぼすのだろうか。この節では、国際政治における倫理の余地について述べておこう。しかしその前に、倫理とその関連用語を整理しておきたい。

（一）倫理・道徳・道義・規範・法

まず、倫理と道徳についてである。倫理（ethics）とは「人間のありかた」を意味する（佐藤 一九六〇：二）。倫理を問うこと、それは道徳にもとづく行為の正当性や批判的検討を試みることである（Amstutz 1999:2）。この倫理と類似した用語が道徳（morality）である。道徳は、善（good）と悪（bad）とは何か、正（just）と不正（unjust）とは何かなど、その価値と信念を意味する。だが、倫理と道徳の原義は、ともに「この世のありさま」や「人としてのありよう」というものであって、「区別なく用いてさしつかえない」（佐藤 一九六〇：一〇）。それゆえ本書では、倫理と道徳を区別することなく使用する。なお、道徳と類似した用語に「道義」があるが、道義は道徳と同様に、英語ではmoralityと表記するため、両者を同じ意味で用いることにしたい。

つぎに、倫理の文脈における規範（norm）と法（law）の位置づけである。倫理が「個人的・主観的・内面的である」のに対して、法（律）は「社会的・客観的・外面的である」（佐藤 一九六〇：一三）。規範とは「社会的状況において人びとの従う規則」であり、その具体的形態としては「法、モーレス、慣習など」（宮島編 二〇〇三：二〇七）がある。これらの定義を踏まえたうえで、本書では、個人的な「倫理」が集団において社会的に認識されると「規範」となり、その「規範」の認識がさらに社会で強く共有される場合には「法」となる、と簡単に理解しておきたい。もちろん、このプロセスは決して優先順位を示すものではない。

（二）国際政治における倫理の三つの見方

マックス・ヴェーバーは倫理を二つに分類した。行為の目的と手段を重視する「心情倫理」と、行為の結果を重視する「責任倫理」である。この心情倫理と責任倫理は、「絶対的な対立ではなく、むしろ両々相俟って『政治への天職』をもちうる真の《エヒト》人間をつくり出す」（ヴェーバー 一九八〇：一〇三）可能性をもつ。だが、二つの倫理は、「調停しがたく対立した準則」であり、「底知れぬほど深い対立」の関係にある（ヴェーバー 一九八〇：八九）。

そして周知のとおり、ヴェーバーは、政治家は心情倫理よりも責任倫理を重視しなければならないと説いた。とはいえ、ヴェーバーの責任倫理をめぐる議論は、あくまで「政治家は責任の倫理を備えなければならない」ということであって、「政治家がどのように結果を計算するのかは明らかにならない」（ホフマン 一九八五：三七）。つまり、「規範的命題がほとんど手つかずのまま残されているということ」（ホフマン 一九八五：三八）である。政治家は「なさねばならぬこと」だけでなく、「なすのが望ましいこと」も考えなければならないということだ（ホフマン 一九八五：三八）。

ヴェーバーは、国内政治という文脈のなかで、責任倫理の重要性を指摘した。つまり、彼は政府の存在を前提に、政治と倫理を語っている。しかし国際社会は、世界政府といったような国家の上位に存在する主体がないという意味で、アナーキーである。そうだとすれば、無政府性たるアナーキーを前提とする国際政治において、そもそも倫理を語る余地はあるのだろうか。そして、あるとすれば、どの程度、その倫理的余地があるといえるのだろうか。

ジョセフ・S・ナイ・ジュニアは、国際政治における倫理のあり方について、三つの立場があるという。第一の立場は「懐疑主義（skeptics）」である。この立場は、国際関係には「秩序を執行する制度が存在しないのだから道義的概念は意味をなさない」と考え、また「共同体意識もないのだから道義的権利とか道義的義務ということもありえない」（ナイ 二〇〇九：三三）とする見方である。この見方に対してナイは、「国際政治には単なる生存を超えた何かが存在する。国際関係に選択の余地があるのだとすれば、選択がないふりをすること自体、一種の偽装された選択なのである」（ナイ 二〇〇九：三四）と批判している。(9)

第二の立場は「国家中心的道義主義（state moralists）」である。これは「諸国家からなる社会の上に成り立つのが国際政治だと考える見方」で、国際社会には「つねに完全に遵守されているわけではないが、一定の規則というものが存在する」（ナイ 二〇〇九：三八）との見方である。この立場は、国家主権という原則を尊重するため、他国の内政に干渉することは許されない。だが、ナイは、冷戦期のソ連によるアフガニスタンへの介入などを事例に、国家主権はしばしば侵害されると述べている（ナイ 二〇〇九：三八）。

第三の立場は「コスモポリタン（cosmopolitans）」である。コスモポリタンは世界市民主義者とも呼ばれ、国際政治を「個々人からなる社会の問題」（ナイ 二〇〇九：三九）として考える。それゆえにコスモポリタンは、国境を越えて、個人間の正義の実現を重視する。これに対してナイは、「大規模な再配分の政治を追求することで、恐るべき無秩序が醸成されるかもしれないという危険を冒している」（ナイ 二〇〇九：四一）と批判している。

以上の三つの立場について、ナイは、「リアリズム的見方をする人々は、規範分析においては懐疑主義あるいは国家中心的道義主義の立場をとる傾向があり、それに対しリベラルの論者は、国家中心的道義主義あるいはコスモポリタニズム的道義観に傾きがちである」（ナイ 二〇〇九：三三）と指摘する。そして、「多くの人々は、どこか中間の混合的立場に落ち着くのだろう」と述べて、大事なのは、これら三つの立場の間に「トレード・オフの関係がある、と認識することなのである」（ナイ 二〇〇九：四一）と強調している。なお、ナイ自身は自らを「コスモポリタン＝現実主義（cosmopolitan-realist）」、すなわち「歴史の現段階において、世界が国家によって構成されているという現実に拘束をうけているというそのかぎりにおいて、国境をこえた義務を認める」立場とし、「人間性に共通するものにたいし、最小限の義務をうけいれることによって成立する」（ナイ 一九八八：五四 - 五五）と述べている。

(三) 現実主義者からみた国際政治における倫理の余地

ナイの分類と考察にしたがえば、国家中心的道義主義者とコスモポリタンは、ともに国際政治における倫理の余地を認めている。両者が異なるのは余地の「程度」にすぎない。すなわち、国家中心的道義主義者が倫理の余地が「小さい」と考えるのに対して、コスモポリタンは倫理の余地が「大きい」と認識しているのである。

そこで、国際政治における倫理の余地について、現実主義者の立場からもう少しみてみよう。現実主義者に着目する理由は三つある。第一に、現実主義者は国家中心的道義主義に近いからである。それゆえ、倫理に対する現実主義者の考えに触れることで、倫理の余地がなぜ小さいのかを知ることができよう。第二に、現実主義者たちは、規範理論が登場する以前から、政治をめぐる倫理を取り扱っていたからである。この知的伝統を軽んじてはいけないであろう。第三に、現実主義者たち、とくに古典的現実主義者たちは、倫理と現実のバランスに苦慮していたからであり、加えて、倫理の追求はむしろ暴力的な結果を導くとの重要な警鐘を鳴らしているからである(納家 二〇〇五:三–四、高橋 二〇一四:九–一〇)。すなわち、国際政治において、倫理は考慮しなければならない要素であるけれども、倫理だけをみていては問題が生じる、ということである。

それでは、古典的現実主義者の代表格の一人であるハンス・J・モーゲンソーのほか、E・H・カーやホフマンという現実主義者たちにも着目することで、国際政治における倫理の余地をみていこう。まず、モーゲンソーである。[10] 国際社会の平和は、権力闘争としての勢力均衡のほか、その権力闘争に「規範的制約」を課す国際法、国際道義、世界世論によって維持されている（モーゲンソー 一九八六：二六）。それゆえ、モーゲンソーはつぎのように述べる。

国際政治に及ぼす倫理の影響力を過大評価したり、あるいは政治家や外交官が物的な力の要件以外では動かされないとして倫理の影響力を過小評価したりすることのないように警戒しなくてはならない。（モーゲンソー 一九八六：二四七）

しかし同時に、モーゲンソーは、「一見道義にかなった行動でも、その政治的結果が考慮されなければ政治的道義は存在しえないのである」（モーゲンソー 一九八六：一一）とも述べている。すなわち、「政治的道義」というものは「政治的結果」を考慮して初めて存在する、と指摘しているのだ。

つぎに、カーである。[11] カーは「国際秩序においては、権力の役割は国内秩序におけるよりも一層大きくなり、道義の役割は一層小さくなる」（カー 二〇一一：三〇四－三〇五）という。[12] だが、道義の役割が小さいからこそ、「主として現行秩序から最大利益を得る側」は、「自己犠牲と譲り合い」という二つの要素を通じて、現行の「秩序から最小利益しか得られない国々でも我慢できるほどの譲歩では利益を得ることが最も少ない側にも、この秩序が耐えられるものにするだけの譲歩」（カー 二〇一一：三二二－三二三）をおこなうことが必要であると説いている。

最後に、ホフマンである。ホフマンは、政治と倫理を考えることは「現実がどうであるかというところから出発して、次に、何がなされるべきかを模索する」こと、それは「政治というものを向上させようとする試みである」（ホフマン 一九八五：二）と述べている。だが、国際関係における道徳的選択の余地は「極度に小さい」（ホフマン 一九八五：二一）という。ホフマンは、その理由として、①「国際〔的〕環境というものにそもそも道徳的行為の余地があまりない」（ホフマン 一九八五：二一）ということ、②「国内秩序における個々人および集団の行動と、政治家の行動とのこのような対照は、国際〔的〕環境において最も際立つ」（ホフマン 一九八五：二三）ということ、③国際関係には「暴力とか戦争の可能性が常時存在するという事実」（ホフマン 一九八五：二四）があることをあげている。

以上の三人の現実主義者たちは、国際政治において倫理の役割自体は認めるものの、その余地は小さい、という。ナイによれば、国際政治において倫理的役割が小さいのには四つの理由がある（ナイ 二〇〇九：三一－三三）。一つ目は、国際社会は文化的宗教的に多様であるため、価値について意見が一致することが難しいという点である。二つ目は、国家の追求する倫理と人間個人が追求する倫理とは必ずしも同一ではないという点である。三つ目は、国際関係では因果関係が複雑であるため、物事の帰結を正確に予測できないという点である。いいかえれば、倫理的に善いと思われる行動は、必ずしも倫理的に善い結果を導くとはかぎらない、ということだ。最後の四つ目は、国内社会と比べて、国際社会では各国の行動に影響を与える制度の力が弱いことから、秩序と正義の乖離が大きいという点である。

国際政治において、倫理的側面は重要である。倫理はいわば酸素のようなものといえるのかもしれない。倫理学者の佐藤俊夫は、つぎのように指摘する。

倫理は人間にとってあまりにも身近なものである。それだけに、あたかも空気や日光のようなもので、それがいちおうまともなかぎりは、とりたててこれを考えてみようともせぬ。倫理への関心がたかまるのは、倫理が荒廃し混乱し危機にひんするとき――むしろ反倫理的なるときである。(佐藤 一九六〇：一)

この点、興味深いことに、ナイは「安全保障は酸素のようなもので、通常は所与のものと思いがちだが、なくなり始めるとそれ以外は考えられなくなる」(ナイ 二〇〇九：二四八)と指摘する。要するに、普段の日常生活において、倫理と安全保障という酸素の大切さにあまり気がつかないが、その存在危機を意識し始めるとき、私たちはそれらの存在の重要性を痛感するのである。

けれども、倫理は、国際政治を動かす要素の一つにすぎない。現実主義者の知見をみるかぎり、国際政治における倫理の余地は小さい。国際政治において、倫理は常に守られるとはかぎらないし、たとえ守られたとして、倫理の側面が優先されるともかぎらないのである。

注

(1) 国際政治学は、現代世界の諸現象について、文字どおり、主に政治学の視点から考察する学問である。ただし、これは「狭義」の国際政治学である。国際政治学には、「広義」の国際政治学もある。すなわち、政治学に加えて、法学、経済学、社会学、歴史学、倫理学などの人文社会科学諸分野の視点も踏まえた国際政治学もあれば、地域研究の視点を取り入れた国際政治学もある。これに対して、国際関係学／国際関係論は、「現代世界の諸現象を政治、法制度、経済、社会、文化といった諸科学分野と、世界諸地域の地域研究とのマトリックスの中で考察する教学の体系」(百瀬 一九九三：一〇－一二) である。そのため、広義の国際政治学と国際関係学／国際関係論のあいだに、明確な線引きは難しい。本書ではひとまず、「国際政治学」との名称で表記を統一しておく。なお、日本国際政治学会の「国際政治」の英語表記には International Politics ではなく International Relations が用いられている。また、日本学術振興会では、「政治学」の一分野として、「国際関係論」が分類されている。

（2）政治学と倫理は、J・S・ミルが指摘するように、「道徳的・社会的存在としての人間の最大の関心事に関する思考の訓練を直接教える」（ミル 二〇一一：九三）ものといえよう。

（3）人道的干渉については、最上（二〇〇一）を参照。また、人道的干渉をめぐる政治的および倫理的考察としては、小松・大庭（二〇一四）を参照のこと。

（4）調査方法は異なるが、最近の調査では、原爆投下は「必要な判断だった」は三一・三パーセント、「許されない」と回答した米国人は四一・六パーセントであったとの興味深い報道がある。『ＮＨＫ政治マガジン』（二〇二〇年八月三日）、https://www.nhk.or.jp/politics/articles/statement/42800.html（二〇二二年三月二日アクセス）。

（5）演説全文の日本語訳は、以下の「American Center Japan」のサイトを参照した。https://americancenterjapan.com/aboutusa/translations/4089/（二〇二二年三月一七日アクセス）。

（6）プラハ演説は、核テロ防止という目的を達成する手段として、核兵器のない世界を目指しているのであって、核兵器のない世界の実現が目的ではなかった。この点については、梅本（二〇〇九）を参照のこと。また、オバマ大統領のプラハ演説と核兵器のない世界については、中山（二〇一〇）も参照されたい。

（7）なお、日本平和学会は、二〇二一年に『グローバルな倫理』と題する特集号を編んでいる（日本平和学会編 二〇二一）。

（8）この点については、池田（二〇〇六）が依然として示唆に富む。なお、最近の研究動向として、国際倫理やグローバル倫理は、西欧の近代性が普遍的であることを前提に、倫理的判断を試みているにすぎないとの批判がある。この批判について、たとえばキンバリー・ハッチングスは、正義の意味を考えて、それを特定の文脈に当てはめるのではなく、共存と協働のための実践的倫理を問い続けることが重要であると述べている（Hutchings 2019）。

（9）そのほか、懐疑主義者に対する批判については、たとえば Cohen（1987）を参照のこと。

（10）モーゲンソーの国際政治における倫理の考えについては、モーゲンソー（一九八六：二四七－二七五）を参照。

（11）もちろんカーは、序章で述べたように、単なる現実主義者ではない。詳細については、佐藤（二〇二二）を参照されたい。

（12）カーの国際政治における倫理の考えについては、カー（二〇一一：二八〇－三二三）を参照のこと。

第二章

正戦論・義務論・帰結主義

確信をもって、あらためて申し上げます。戦争のために原子力を使用することは、現代においては、これまで以上に犯罪とされます。人類とその尊厳に反するだけでなく、わたしたちの共通の家の未来におけるあらゆる可能性に反する犯罪です。原子力の戦争目的の使用は、倫理に反します。核兵器の保有は、それ自体が倫理に反しています。(上智学院カトリック・イエズス会センター/島薗編 二〇二〇:一八二―一八三。ローマ教皇フランシスコの「平和のための集い――広島平和記念公園にて」と題する演説(二〇一九年一一月二四日)からの抜粋)

国際政治における倫理の余地は狭い。しかしながら、そのことは、国際政治において、倫理の要素をまったく考慮しなくてよいということを意味しない。そこで本章では、核兵器の使用をめぐる倫理について考えてみよう。

核兵器を使用することは、倫理的に許されるのか。この問いに対する回答は、人間もしくは個人の尊厳という点からすれば、とても簡単である。すなわち、核兵器の使用は、道義上、決して許されない。なぜなら核兵器は、爆風、熱線、放射線の相乗効果によって甚大な被害をもたらし、多くの無辜の人びとを無差別に殺すからである。核兵器を保有、製造、使用することは、ナチス党政権下のドイツによるユダヤ人へのホロコーストと同じく、人類が「大量虐殺をおこなおうとする心理的傾向」(Lifton and Markusen 1990)をもつことを意味する、との見解もあるくらいだ。

ところが、倫理の領域に安全保障の問題が入り込むと、問いの内容が大きくかわってくる。すなわち、国家の安全保障という点からすれば、敵対国による攻撃を防ぐために、「なぜ核兵器を使用してはいけないのか」との問いになる。この問いは一見、疑問文の形となっているが、実際には「核兵器の使用は許される」との主張にほかならない。つまり、敵対国による攻撃から自国の国民を守るためであれば、核兵器を使用することは道義的に許容される、との主張である。この主張の背景に、核抑止の論理があることはいうまでもない。

このような倫理的正当化には、思慮深く応答しなければならない。なぜなら、核兵器使用の合法性を問うた、一九九六年の国際司法裁判所(International Court of Justice: ICJ)による勧告的意見[1]では、核兵器の使用は「国家の存亡そのものがかかった自衛の極端な事情のもとで、合法であるか違法であるかをはっきりと結論しえない」（ICJ 1996:para.105）と述べられているからである（詳細は後述）。

このように、核兵器の使用をめぐり、①個人の尊厳という点で倫理に反するとの見解がある一方で、②国家の安全保障という点で倫理的に許されるとの見解もある。はたして、この二つの見解の違いは、いったい何を意味しているのだろうか。

第二章は核兵器使用の道義性を考える。第一節では正戦論の枠組みを用いて、第二節では義務論と帰結主義の枠組みを用いて、核兵器の使用をめぐる道義性についてそれぞれ検討する。そのうえで、第三節では、義務論と帰結主義から導き出される見解について、その意味合いとは何かを明らかにする。すなわち、①義務論者も帰結主義者も、核兵器の使用が倫理に反するという共通認識をもっていること、②ただし帰結主義者は、あくまで核抑止が機能することを前提に、核兵器使用の威嚇が倫理的に許されると考えていること、を述べる。

一　正戦論

「正戦論（just war theory）」は、戦争を正しい戦争と不正な戦争とに区別することで、武力行使を抑制する西洋発端の知的伝統の一つである。「正戦（just war）」は「聖戦（holly war）」とは大きく異なる。前者の理由には防衛といった安全保障に関わる要素が強く反映されているのに対して、後者は宗教的な要素が深く関わっているからである。もちろん、正戦の理由の一つとして、宗教的なものもある。その意味で、「聖戦は正戦の一部ということになる。しかし、その逆は成り立たない。聖戦は神との関係なしには考えられないから、世俗的理由を重視する正戦を包摂することはできないからである」（山内 二〇〇六：一八）。

正戦論には二つの判断基準が設けられている。一つ目の基準はユス・アド・ベルム（*jus ad bellum*）と呼ばれる。この基準は、いわば「戦争を開始するための正義」を問うもので、戦争を開始する原因が正当であるかどうかを判断するものである。二つ目の基準はユス・イン・ベロ（*jus in bello*）と呼ばれる。これは「戦争における正義」であって、戦争を開始したあとの行為の正当性を判断するものである。このユス・イン・ベロの尺度には、戦闘員と非戦闘員を区別して武力を行使しなければならないという「差別性の原則（principle of distinction/discrimination）」と、武力行使の目的と手段がつりあっていなければならないという「均衡性の原則（principle of proportionality）」とがある。もっとも、この正戦論については、戦争が正しいか正しくないかを誰が判断するのか、という問題点がある。

それでは、正戦論の観点からすれば、核兵器の使用は正当化されるのであろうか。マイケル・ウォルツァーは、著書『正しい戦争と不正な戦争』のなかで、「核兵器は正戦論を爆砕してしまう」(ウォルツァー 二〇〇八:五一四) と喝破している。核兵器の使用は、爆風、熱線、放射線の相乗的効果によって甚大な被害を与えるという性質をもち、加えて、中規模都市を破壊するほどの深刻な効果をもたらす。核兵器は、その性質と効果という点で、ユス・イン・ベロの尺度の一つである差別性の原則を満たすことはきわめて困難であるからこそ、正戦論の知的枠組みを大きく超えるものである、と指摘しているのだ。

ところで、核兵器使用に関するユス・アド・ベルムとユス・イン・ベロについて、既述したように、一九九六年のICJによる勧告的意見がある。ICJは、武力の「威嚇 (threat)」を効果的にするためには、武力「行使 (use)」の意図をもたなければならないとの理由で、武力「行使」が違法であるならば、その「威嚇」も違法であると述べた (ICJ 1996:para.47)。そのうえで、核兵器の使用は、「人道法の原則及び規則に、一般に違反するであろう」と指摘したものの、「国家の存亡そのものかかった自衛の極端な事情のもとで、合法であるか違法であるかをはっきりと結論しえない」(ICJ 1996:para.105) とも述べた。つまり、国際法の観点からすれば、ユス・イン・ベロ (戦争における法) のレベルにおいて違法であるが、ユス・アド・ベルム (戦争を開始するための法) のレベルでは合法でも違法でもない、ということである。(2)

さて、話をもとに戻そう。核兵器の登場は正戦論の分野に大きな影響を与えた。だが、それだけではない。核兵器の登場は安全保障論の分野にも大きな影響を与えたのである。たとえば、軍事戦略家のバーナード・ブローディーは、はやくも一九四六年の編著『絶対兵器（*The Absolute Weapon*）』のなかで、核兵器の性質と効果を踏まえつつ、「これまでの軍の主要任務は戦争に勝利することであった。しかし、今後の主要任務は戦争を回避することである」（Brodie 1946: 76）と指摘している。つまり、核兵器はこれまでの戦争観や兵器の役割を大きくかえたのであった。ロバート・ジャービスは、これを「核革命（nuclear revolution）」（Jervis 1989）と呼んでいる。そして、ブローディーは、核兵器を保有する目的が、敵対国に核兵器を使用することにあるのではなくて、敵対国による核兵器の使用を抑止することにあると強調して、核戦略論ないし核抑止論を構築する重要性を説いたのであった。

以上の点に関連して、ヘドリー・ブルは、つぎのように指摘している。

> 核兵器時代の抑止がこれまでのものとまったく違う革新的な点は、実際の戦争において核兵器を使用することに対する嫌悪と躊躇から、やむなく抑止を最高の政策目標の地位までに高めたことである。（ブル 二〇〇〇：一四六―一四七）

このブルの指摘のなかで注目すべきは、核兵器の使用に対する「嫌悪と躊躇」から、実際の戦争において核兵器を使用することはできない、と述べている点である。すなわち、ブルは、道義上、核兵器を戦争で使用することは難しいと指摘したのであった。

ただし、付言するのであれば、すべての核戦略家が、核兵器を戦争で使用することは倫理的に反すると考えていたわけではない。なるほど、核革命にもとづく核戦略は、いわゆる「MAD《マッド》（Mutually Assured Destruction、相互確証破壊）」の系譜へとつながり、核兵器の目的は敵対国による核兵器使用の抑止にあることを強調している。だが、核戦略家のなかには、核兵器を依然として戦争で使用可能な兵器とみなす「NUTs《ナッツ》（Nuclear-Use Theorists、核使用論者）」も存在しているのである。(3)

二　義務論と帰結主義

核兵器の性質とその使用効果は、正戦論の枠組みを超えているという意味で、「正戦論を爆砕してしまう」。そこで、さらに別の枠組みを用いて、核兵器使用の道義性について考える必要がある。この節では、行為の目的、(4)手段、結果に着目して、行為の正当性を問う「義務論（deontology）」と「帰結主義（consequentialism）」の枠組みを用いて考えることにしよう。

（一）義務論

まず、義務論である。この論法は、行為の「目的」と「手段」を重視して、行為の正当性を検討するものである。その際、行為の「結果」はまったく問題とならない。行為の正当性を考えるためには、行為の「目的」と「手段」の内容が重要なのである。この義務論を採用する者を「義務論者」と呼ぶことにしよう。

義務論者にとって、核兵器使用は倫理的に許されるのだろうか。その回答は「許されない」である。なぜなら、核兵器の使用という「目的」と「手段」は、敵対国の人びとを犠牲にすることはもちろんのこと、自国の国民の生命を人質とすることから、倫理に反する行為以外の何ものでもないからである（Werner 1987）。

ここで一つの問いが生まれる。もし核抑止が機能したのであれば、それは核兵器を戦争で使用しないことを意味するのであり、その「結果」として、自国のみならず敵対国の人びとをも犠牲にしないということになる。義務論者は、このような「結果」を踏まえた場合、核兵器の使用を道義的に認める立場へとかわるのだろうか。再び、否である。義務論者にとって、たとえ核抑止が機能したとしても、核兵器が無辜の人びとを殺害する「手段」であるかぎり、核兵器の使用が道義に反することにかわりはないのだ。このように、義務論者は、行為の「目的」

と「手段」を重視しており、かつ、「個人」の尊厳を重視しているがゆえに、核兵器を「絶対悪」として捉えているといえよう。

（二）帰結主義

つぎに、帰結主義である。この論法は、行為の「結果」を重視して、行為の正当性を検討するものである。その際、行為の「目的」と「手段」の内容は問題とならない。いいかえれば、良い「結果」であれば、「目的」と「手段」は正当化されるのである。この帰結主義を採用する者を「帰結主義者」と呼ぶことにしよう。

それでは、帰結主義者にとって、核兵器の使用は倫理的に許されるのだろうか。回答は、「威嚇は許される」である。なぜなら、核兵器による威嚇は、自国の国民の安全を守ることができるという「結果」をもたらすと期待できるからだ。たとえば、自衛権という点で、米国の国民の安全を守ることができるのであれば、核兵器の使用は倫理的に許されるとの主張がある（Bobbitt 1987）。また、スタンリー・ホフマンは、核兵器の使用という「手段」からすれば、無辜の人びとに対する脅迫であって、「それ自体は実に良くない」。しかし同時に、核兵器を保有する「目的」は、実際の戦争で核兵器を使用することではなく、核兵器を使用するという威嚇を通じて、敵対国が核兵器を使用することを抑止する点にあると指摘する。そこからホフマンは、核抑止が機能することによりもたらされる「結果」を考慮するのであれば、核兵器を使用するとの威嚇は「平和の維持に役立つ限りにおいて推賞しうるもの」であり、加えて、核兵器国間における戦争を減少させることから「道徳的には誉めてよいこと」とまでいう（ホフマン 一九八五：一〇三）。

さらにいえば、先述のウォルツァーも帰結主義者といえよう。ウォルツァーは、「核戦争は今日、道徳的に受け容れられないし、将来にわたってもそうであり続けるだろう。その名誉回復などありはしない。それが受け容れ難いのだから、われわれはそれを防ぐために別の方法を探さなくてはならないし、抑止は悪い方法なのだからわれわれは他の方法を探さなくてはならない」（ウォルツァー 二〇〇八：五一五－五一六）という。なぜなら、先に引用したように、「核兵器は正戦論を爆砕してしまう」のであり、また「慣れ親しんだ道徳世界とは単純に相容れない人類初の技術革新」だからである（ウォルツァー 二〇〇八：五一四）。ただし、「われわれは悪を犯さないために悪で脅すのである。悪を犯すことはあまりにも悲惨な出来事であるからこそ、脅迫が、比較すればまだ道徳的に弁護可能に思われる」（ウォルツァー 二〇〇八：五〇一－五〇二）としたうえで、自衛という点において、「われわれは正義のために（そして平和のために）正義の限界を不安げに踏み越えるのである」（ウォルツァー 二〇〇八：五一四）と述べている。

このように、帰結主義者にとって、核兵器の究極の「目的」は、実際の戦争で使用することではなく、自国民の安全を確保するために、敵対国による核兵器の使用を抑止することにある。そして、帰結主義者は、核抑止が機能することによって生じうる「結果」を踏まえるのであれば、核兵器使用の威嚇は倫理に反するとまでは必ずしもいえない、と主張しているのである。帰結主義者は、行為の「結果」を重視するとともに、「国家の安全保障」を重視しているがゆえに、核兵器を「必要悪」として捉えているといえよう。

三　意味合い

以上のように、核兵器の使用をめぐる倫理について、①義務論者は、行為の目的と手段を重視するとともに、個人の尊厳も重視していることから、核兵器の使用は倫理に反するとの見解をもつ。これに対して帰結主義者は、行為の結果を重視するとともに、国家の安全保障をも重視していることから、核兵器使用の威嚇は倫理的に許されるとの見解をもつ。この二つの見解は、はたして何を意味しているのだろうか。つぎの二点を指摘しておきたい。

第一に、義務論者と帰結主義者は、核兵器の使用が倫理に反する行為であるとの共通認識をもっている、という点である（Amstutz 1999: 33）。これはいったい、どういうことであろうか。

たしかに、核兵器の使用をめぐる倫理について、両者の見解は大きく異なる。義務論者は核兵器の使用を全面的に許容しない。核兵器は絶対悪なのである。これに対して、帰結主義者は核兵器使用の威嚇を倫理的に許容する。核兵器は必要悪なのである。つまり、ホフマンやウォルツァーの議論でみてきたように、帰結主義者たちは、①核兵器の使用は、無辜の民間人を無差別に殺すことから、倫理的には許されない、②しかし、それゆえに、自国の国民の安全を守るためであれば、また核保有国間の戦争を防止するためであれば、核兵器使用の威嚇は倫理的に許されるのではないか、と考えているのである。いいかえれば、核兵器は絶対悪であるからこそ、必要悪ともなりうるのである。核兵器使用の倫理をめぐる義務論者と帰結主義者の見解の相違は、個人の尊厳を重視するのか、それとも国家の安全保障を重視するのか、そのスタンスの違いによって生じているのだ。このように、義務論者と帰結主義者は、絶対悪か必要悪か、悪の「程度」について意見が異なるものの、「悪」という点においては意見が同じであるといえよう。換言すれば、両者はともに核兵器の非人道性を認識してはいるのである。

第二に、帰結主義者は、あくまで核抑止が機能することを前提に、核兵器使用の威嚇が倫理的に許容されると主張している点である。そして、帰結主義者は、核抑止が機能する場合もあるが、機能しない場合もあると考えているのだ。すなわち、帰結主義者は、核兵器の使用をめぐる倫理について、核抑止が機能するというかぎられた条件のもとで、倫理的正当性を述べているにすぎないのである。この点について、核抑止は機能しないことから、核兵器使用の威嚇の倫理的正当性を批判する主張もある（Ruston 1984）。さらに厳しい批判として、核抑止が機能すると主張する帰結主義者の議論は「知的な自慰行為」にすぎないとの批判もある（Werner 1987: 159）。

それでは、核抑止は機能するのだろうか。核抑止の機能性を二者択一的に問うことは不毛である。というのは、序章でも指摘したように、核抑止が機能するかどうかについては、結果のみでしか判断することができないからだ。つまり、核兵器が使用されていないときは、その理由の一つとして、核抑止が効いているといえるのかもしれない。逆に、核兵器が使用されてしまえば、その理由の一つとして、核抑止は効かなかったといえる。核抑止が機能するかどうかの評価は、その結果に強く依存している以上、核抑止が功を奏するかどうかは不確実なのである。

ただ、確実なのは、ホフマンのいうように、核抑止は機能するかもしれないが、核抑止の信憑性には限界があるという点である（ホフマン 一九八五：一〇三）。ナイの言葉でいいかえれば、核兵器には、核の恐怖の未来像を映し出すという「水晶玉効果」があるため、核抑止が機能してきたという側面がある。けれども、この水晶玉が「事故や誤算によって打ち砕かれてしまう」（ナイ 一九八八：九三）可能性も否定できない。私たちは、核抑止には、このような限界がともなっていることを看過してはならないのである。

四　一九八〇年代における研究の成果と課題

核兵器の使用をめぐる道義性については、とりわけ一九八〇年代において、多くの研究が蓄積された。その背景には当時、①核軍拡競争の結果として地球上に約七万発の核兵器が存在していたこと、②全面核戦争によって地球規模の異常気象、いわゆる「核の冬（nuclear winter)」）が生じうると危惧されたことなどがあげられる。一九八〇年代の国際社会は、核兵器の使用による人類の存続の危険性という深刻な課題に直面していた。そのような状況下で、国家の安全保障を確保するために、はたして核兵器を使用することは許されるのか、あるいは使用とまではいかないものの、使用の威嚇は許されるのかなど、核兵器をめぐる国際政治に対して倫理的な問いかけがなされたのである。

実際に、米国の学者や実務家らによる書物（Lackey 1984; Blake and Pole eds. 1984; Davis ed. 1986; Kipnis and Meyers eds. 1987; Shue ed. 1989; ナイ 一九八八など）のほか、キリスト教団体ないしキリスト教関連の研究者団体も、大変示唆に富む研究成果を残している（Goodwin ed. 1982; National Conference of Catholic Bishops 1983; Dwyer ed. 1984 など)。

ここで、当時議論を巻き起こしたことで有名な米国カトリック司教会議（National Conference of Catholic Bishops 1983）の内容をみてみよう。米国カトリック司教会議は、核兵器の使用について、①都市の破壊や多くの市民の犠牲を「目的」とする場合は倫理に反すること、②自国の安全や自由を守るといった善き「目的」は、無差別に無辜の人を殺害するという非倫理的な「手段」を正当化しないこと、③報復手段としての核兵器の使用は、その「目的」と「手段」がつりあうという「均衡性の原則」と、戦闘員と非戦闘員を区別するという「差別性の原則」を満たす必要があることを述べている。また、核抑止については、①厳格な条件を満たせば、倫理的に許されること（たとえば、もし抑止そのものが「目的」であるのであれば、抑止効果に十分な能力をもつことが、適切な戦略として望ましい）、②しかし、核の優位性を求めることは許されないこと、③核兵器の実験、製造、配備の禁止といった軍備管理または軍縮措置をおこなわなければならないことを主張している。

この米国カトリック司教会議の見解に対しては、いくつかの批判がある。たとえば、核兵器の使用とその威嚇がいかなる状況においても倫理に反すると考える「絶対主義者」からすれば、限定的ではあるものの、司教会議が核抑止を肯定している、との批判（Dwyer ed. 1984）がある。また、司教会議は、核兵器の使用という「手段」を検討してはいるものの、核兵器の使用がもたらす「結果」についてはほとんど注意を払っていないとの批判（Novak 1984; O'Brien

1984）もなされた。

一九八〇年代には、国際政治学者も優れた研究を残している。その一つとして、序章で紹介した、ジョセフ・S・ナイ・ジュニアの『核戦略と倫理』（ナイ 一九八八、原著初版一九八六）があげられよう。あらためていえば、ナイは「核の倫理についての五つの公理」を提示した。すなわち、①「動機」として「自衛は正当だが限界をもった大義名分である」、②「手段」として「核兵器をけっして通常兵器とおなじようにあつかってはならない」、③「無辜の民への被害を最小限にせよ」、④「結果」として「短期的には核戦争のリスクをさげよ」、⑤「長期的には核兵器への依存度をさげよ」との公理である（ナイ 一九八八：一四七－一九二）。このナイの研究は、核兵器の使用をめぐる政治と倫理について、深く検討を試みたといえよう。

一九八〇年代の先行研究は、核兵器の使用をめぐる道義性について、多大なる貢献をした。だが、これらの先行研究は、核兵器の使用をめぐる道義性を語ること、とりわけ被爆者による核兵器の非人道的側面の語りが、国際政治において、どのような意義と課題をもつのかについて、十分に検討しているとはいいがたい。そこで、次章からは、この点を考えていこう。

注

（1）勧告的意見（advisory opinion）とは、国際機関からの要請にもとづいてＩＣＪが与える、法律問題に

ともある。

関する意見である。勧告的意見には法的拘束力がないものの、権威ある法的意見として尊重されるこ

(2) 一九九六年のICJの勧告的意見については、たとえば松井（一九九六）、最上（一九九六）、バロース（二〇〇二）を参照のこと。もちろん、ICJによる勧告的意見は法的拘束力をもつものではない。ただ、一九九六年の勧告的意見は、「核を倫理的に制約していく過程に大きな足跡を残した」（加藤 一九九七：一六二、傍点は引用者）との政治的評価がある。

(3) MADとNUTsの詳細については、土山（二〇〇四：第七章）を参照のこと。

(4) ナイは「目的」ではなく「動機」としている。その理由として、行動には感情的もしくは非合理的な理由でとられるものがあり、必ずしも目的をもってとられるわけではないと述べている（ナイ 一九八八：二〇二、脚注六五）。

第II部

「語る」被爆者

扉写真：原爆により壊滅した広島

第三章
禁忌論

現代では、核戦争を制限する試みがなされている。これらの努力はすべて、対外政策の手段として暴力を無制限に使用することに対して道義的な躊躇があり、それが事実上一般化していることの証拠である。
（モーゲンソー 一九八六：二五四）

第II部では、本書の中心的な問いを考える。すなわち、被爆者による核兵器の非人道性の語りは、国際政治において、どのような影響を与えうるのかを考察する。具体的には、第三章と第四章を通じて、国際政治における意義と課題をそれぞれ明らかにする。

まず本章は、第一節において、広島と長崎に原爆が投下されて以降、核兵器が一度も実際の戦争で使用されていないのはなぜか、という一つの問いを立てる。第二節では、核兵器不使用の倫理的要因の一つとして、核兵器を使用してはならないという規範、すなわち「核禁忌」の存在を指摘する。つづく第三節では、核禁忌に対する批判的見解を取り上げて、その内容を検討する。以上を通じて、第四節では、国際政治における倫理の余地は小さいものの、被爆者による核兵器の非人道性の語りが、核兵器の使用は倫理に反するという認識を高めるだけでなく、核兵器を使用してはならないという核禁忌を醸成・強化していることから、核兵器が使用されにくい状況を生み出していると論じる。

一　核兵器不使用というパズル

さて、ここで、ある国際政治学のゼミをのぞいてみよう。核兵器の使用について、つぎのような会話が交わされている。

先生：　一九四五年八月、広島と長崎に原爆が投下されました。しかしそれ以降、国際社会では核兵器が一度も使用されていません。みなさん、いったいなぜだと思いますか?

学生A：　私は核抑止が機能しているからだと思います。たとえば、冷戦期、米国とソ連は激しく対立していたにもかかわらず、お互いに核兵器を使用することも、直接戦火を交えることもありませんでした。これは、核抑止が機能していたからこそではないでしょうか？

先生：「現実主義者」のAさんからすれば、核兵器がもたらしうる物質的被害が、核兵器の使用を抑制しているということですね。

学生B：先生、政策決定者の道徳観も大いに関係していると思います。

先生：それはどういうことですか？

学生B：核兵器をもつ国の政策決定者は、ヒロシマ・ナガサキを知ることで、核兵器の使用は道義に反する行為だと考えているのではないでしょうか？

先生：つまり、「社会構成主義者」が強く主張しているように、核兵器は倫理的に使用してはならないという規範的な抑制が、現実に核兵器不使用という状況をもたらしているということですね。

学生C：私は、現実主義者と社会構成主義者のどちらの見解も、核兵器の不使用という事実をそれぞれうまく説明している気がします。

先生：二者択一の議論ではないということですね。ほかのみなさんはどのように考えますか？

一九四五年以降、国際社会において、なぜ核兵器は一度も使用されていないのだろうか。ジョン・L・ギャディスは、その著書『ロング・ピース（*The Long Peace*）』（ギャディス 二〇〇二）のなかで、核抑止が機能していたからこそ、冷戦期の米ソの対立は熱戦にはいたらなかったと指摘している。さらにギャディスは、冷戦期に核兵器が使用されなかったのは、核抑止という理由のほかに、「自己抑止（self-deterrence）」があったからだともいう。つまり、核兵器を使用してはならないという規範的な理由もあげているのだ。

ギャディスは、一九四五年から一九五八年にかけて、なぜアメリカが核兵器を使用しなかったのか、その理由を第五章「自己抑止の起源」で詳しく検討している。ギャディスが一九四五年から一九五八年の期間に着目したのは、それが「確かなソ連の報復能力がなかったとき」であり、また「核兵器を初めて使用していたアメリカがそれを使用しないという慣例を定着させた過程」であったからである（ギャディス 二〇〇二：一八三）。つまり、一九四五年から一九五八年という期間は、いざとなればアメリカのみが核兵器を使用できたにもかかわらず、実際には使用されなかった時代であった。すなわち、核兵器不使用の理由を核抑止の存在だけに求めることは的外れ、ということである。ギャディスは、この点に注目して、核抑止以外の核兵器不使用の理由を検討した。

その結果、朝鮮戦争、インドシナ戦争、金門島・馬祖島砲撃を事例に、①攻撃目標が不明確であること（軍事的理由）、②ソ連による介入の危険性があること（軍事的理由）、③国連などから人種差別の道具とみなされていた核兵器を使用することは、西ヨーロッパからの信頼を失う可能性があること（政治的理由）、④核兵器の使用は、有色人種であるアジアにアメリカへの反感をもたらすとともに、「特別な道徳的責任」をもっていること（道徳的理由）、を指摘したのであった（ギャディス二〇〇二：二四〇—二四一）。

このように、ギャディスによれば、冷戦期において核兵器が使用されなかったのは、核抑止に加えて、自己抑止が機能したからでもあった。この自己抑止に関連して、ジョセフ・S・ナイ・ジュニアは「規範的な抑制」という言葉で、以下のように述べている。

アメリカが広島に初めての原爆を投下して以来、核兵器は非道義的で、戦争で許容される範囲を越えているという感覚が染み付いていた。このような規範的な抑制は測りがたいものであるが、明らかに核兵器をめぐる論議に欠かせないものであり、国家が核兵器の使用をためらう理由の一つであった。（ナイ二〇〇九：一八四）

そして、加藤朗も以下のような指摘をおこなっている。

また、倫理が戦争の制約条件になっていることは、もっとも非倫理的とみなされている冷戦時代の核抑止戦略においても明らかである。というのも核抑止戦略は人類絶滅という究極の悪という、いわば「負」の倫理があってはじめて有効に機能したからである。加えて、倫理的立場から核兵器に反対する国際世論も戦争を抑止する重要な倫理的条件になったと考えられる。（加藤一九九七：一四四―一四五）

二　核禁忌

一九四五年以降、核兵器が使用されなかった背景の一つとして、核兵器を使用してはならないという規範的理由があることは、国際政治学者によって長らく指摘されていた。たとえば、トーマス・シェリングは、核兵器不使用の「規範」（Schelling 1994）が存在することを指摘している。そのほかにも、バリー・ブザンは「戦略的文化的禁止」（Buzan and Herring eds. 1998:165）という用語で、馬場伸也は「ヒロシマ・ナガサキを原点とする『反核文化』」（馬場一九八三：一四八―一四九）という用語で、核兵器不使用の規範が存在していることをすでに指摘していた。

では、核兵器不使用の規範をもたらした要因とはどのようなものであったのか。この点を本格的に研究したのが、ニーナ・タンネンワルドの著作『核禁忌』（Tannenwald 2007）であったといえよう。序章で触れたように、タンネンワルドは、ギャディスが検討した朝鮮戦争のほか、ベトナム戦争と湾岸戦争も事例に取り上げて、「核禁忌（nuclear taboo）」という概念を提起した。禁忌（タブー）とは、ポリネシア語のタブ（tabu）もしくはタプ（tapu）に由来するもので、「してはならないこと」や、「見たり触れてはならないこと」を意味する。禁忌は「社会秩序の重要部分を明確化させ、その遵守行為を通じて全体秩序を維持させる制度」ともいえる（石川・梅棹・大林・蒲生・佐々木・祖父江編 一九八七：四五九）[1]。これを国際政治において、核兵器の使用に結びつけたのが核禁忌である。以下、核禁忌という社会的規範について詳しくみていこう。

タンネンワルドは、核兵器の「使用」を核実験以外の「核兵器の投下（dropping）または発射（launching）」（Tannenwald 2007: 2, n.4）と限定的に定義する。そのうえで、核禁忌とは、「核兵器の先行使用（first use）に対する強力な事実上の禁止」（Tannenwald 2007: 10）として定義した。この核禁忌は、「(不使用）それ自体の行為ではなく、(不使用という）行為についての規範的信念」（Tannenwald 2007: 10）であり、核兵器を保有する国家の行動を抑制するだけでなく、文明国としてのアイデンティティや利益を構成するという（Tannenwald 2007: 19）。

核禁忌はヒロシマに起源をもつ（Tannenwald 2007: Ch.3）。つまり、核兵器による惨劇とその非人道性の語りは、核兵器の使用が倫理に反するという認識をもたらすことで、核兵器を使用してはならないという社会的規範を醸成しているのである。

ただし、核禁忌は、国際社会に広く行き渡っているものの普遍性があるとはいえず、依然として十分に強固な規範とはなっていない（Tannenwald 2007: 59）。さらに、タンネンワルドによれば、核禁忌の規範は、米国の市民や指導者によって徐々に共有されつつあるが、組織制度としての軍には受け入れられていない（Tannenwald 2007: 59）。

そして、注意すべきは、核兵器不使用の要因として、タンネンワルド自身が核抑止の存在を否定していない、という点である。一九四五年以降、米国が核兵器を使用しなかった背景には、核抑止の存在とともに、核兵器を使用してはならないという核禁忌が存在していたから、というのがタンネンワルドの見解であった。とはいえ、彼女の主張は、核兵器不使用の要因として、核抑止よりも核禁忌のほうが重要であるという点に、その主眼がある。

ところで、核禁忌の起源がヒロシマ・ナガサキにある以上、ヒロシマ・ナガサキの記憶が薄れていくのであれば、核禁忌は弱まっていくおそれがあろう（Tannenwald 2007: 388-389）。年を経るにつれて、ヒロシマ・ナガサキを語る被爆者の数が少なくなっていることから、これは憂慮すべき問題である。いかにしてヒロシマ・ナガサキという核兵器の非人道性を後世に伝えることができるのか、心を砕く必要がある。この問題については、第六章で若干の考察を試みたい。

三　核禁忌に対する批判的見解

タンネンワルドは、核禁忌という概念を提示することで、核兵器に対する規範的抑止の存在を明らかにした。もちろん、批判がないわけではない。核禁忌については、つぎのような三種類の批判がある。

第一の批判は、核禁忌の存在そのものを否定するものである。この批判は、国際政治において倫理を語る余地はないと考える懐疑主義者からなされているもので、非核兵器保有国に対する核兵器の不使用は、核禁忌という規範が存在しているからではない。そうではなく、①（非核兵器保有国と同盟関係にある）他の核兵器保有国から核兵器使用の報復を受ける可能性があること、②通常兵器のみで対処できるといった主に軍事的な理由がある、と主張する。(2) ただし、この批判については、核兵器不使用をめぐる政策決定過程において、核兵器を使用してはならないという規範が大きく影響したことが外交史料によって示されている、との反論がある（Paul 2009: 18）。

第二の批判は、核禁忌が存在していると同時に、核禁忌を否定する事実も存在していると指摘するものである。いいかえれば、核禁忌という概念は事実の半分しか説明していないとの批判である。たとえば、核抑止論者は核兵器の使用を想定していることから、加えて、核軍縮論者は（核兵器使用の危険性を認識しているからこそ）核軍縮の実施を主張していることから、核抑止論者であれ核軍縮論者であれ、ともに核禁忌の存在を否定している、と指摘する（Walker 2010）。ほかにも、「ならず者国家（rogue states）」に対する核兵器の使用を明記した二〇〇二年の「核態勢見直し（Nuclear Posture Review）」などを取り上げて（Farrell 2010）、もしくは、核禁忌と相容れない核兵器の使用計画を示す「単一統合作戦計画（Single Integrated Operational Plan: SIOP）」を取り上げて（Eden 2010）、核禁忌が事実の半分を説明したものにすぎない、との批判もある。

ただし、タンネンワルドによる核兵器使用の定義を踏まえるのであれば、少し的外れと思われる批判もある。たとえば、一九九一年の湾岸戦争では、米国の核兵器が実際に爆発をともなって使用されることはなかったものの、イラクによる大量破壊兵器の使用を防ぐべく、核兵器を抑止の手段として使用したことから、核禁忌の存在意義を否定する見解がある（Atkinson 2010）。しかし、タンネンワルドは、核兵器を使用することと、核兵器に「依存する（rely on）」ことを区別している。彼女にとって核兵器の使用とは、先に紹介したように、あくまで核兵器の投下もしくは発射を意味するのであって、抑止や脅迫は核兵器への依存にすぎない（Tannenwald 2007:2, n.4）。すなわち、彼女によれば、湾岸戦争において核兵器は使用されなかった、となる。

第三のタイプの批判は、「核禁忌の程度の弱さ」(Paul 2010: 854)である。T・V・ポールは、その著書『核兵器不使用の伝統(*The Tradition of Non-Use of Nuclear Weapons*)』において、核兵器不使用という規範が存在していることを積極的に認めつつも、その規範は禁忌ではなく「伝統(tradition)」のレベルにとどまる、と批判している。ポールは、ギャディスと同じように、この核兵器不使用の伝統を「自己抑止(self-deterrence)」と呼ぶ(Paul 2009: 31)。

ポールによれば、禁忌が禁止の要素を強く含んでいるのに対して、伝統には厳格な禁止の規範が含まれていない(Paul 2009: 5)。簡単にいえば、禁忌は破られる可能性がほとんどないのに対して、伝統は破られる可能性がある、ということだ。ポールによれば、一九四五年のヒロシマ・ナガサキ以降、たしかに核兵器は使用されていない。だが一方で、多くの核兵器保有国は核兵器使用の選択肢を依然として保持している。つまり、核兵器はなおも使用される可能性がある、とポールは考えているのだ。であるからこそ、禁忌という厳格な規範ではなくて、伝統というインフォーマルな規範が、核兵器の不使用をもたらしていると指摘したのであった。

また、核兵器保有国あるいはその国の指導者は、非核兵器保有国に対して核兵器を使用した場合、国際社会における評判の悪化というコストを支払うことになり、そのコストこそが、核兵器を使用してはならないという伝統を強化しているとも主張する。(3)

核禁忌に対する批判はいずれも大変興味深い。核禁忌という規範が存在するという言説と、核禁忌の存在を否定する言説が同時に存在することについて、その意味を検討することが、タンネンワルドには強く求められているといえよう。(4)

しかしながら、本書の文脈で注目したいのは、核兵器使用の禁忌であれ伝統であれ、核兵器を使用してはならないという社会的規範が存在していることそれ自体については、あまり批判がなされていないという点である。(5)これは、つぎのような重要な点を示している。すなわち、一九四五年八月以降、核兵器が使用されていないのは、核抑止が存在していたからだけではない。核抑止に加えて、核兵器不使用の規範が存在していたからこそ、核兵器は国際社会で使用されていない、という点である。

ここで、核抑止と核禁忌の概念において、両者に相違点と共通点があることをおさえておきたい（**表3－1**）。核抑止とは、核兵器を使用するとの威嚇をおこなうことで、相手による核兵器使用を含む攻撃を思いとどまらせるという物理的抑制の試みである。暴力を通じて暴力を押さえ込むという論理である。これに対して核禁忌は、核兵器の使用は許されないとの規範を醸成することで、相手による核兵器の使用を思いとどまらせるという規範的抑制の試みである。

表3-1　核抑止と核禁忌

	手段	目的	弱点
核抑止	物理的抑制（暴力）	核兵器の使用を思いとどまらせる	常に抑止が機能するとはかぎらない
核禁忌	規範的抑制（非暴力）		常に禁忌が守られるとはかぎらない

出所：筆者作成。

これは、非暴力で暴力を押さえ込むという論理である。核抑止と核禁忌は、暴力と非暴力のどちらの手段をとるのかという点で大きく異なっている。だが、ともに核兵器が使用されにくい状況を作り出すという目的は共有しているのだ。

　これとは別に、核抑止と核禁忌には、それぞれに弱点があることをもおさえておきたい。すなわち、核抑止には、常に核抑止が功を奏すると断言できない、という弱点がある。核抑止の機能性については、結果のみでしか判断できないからだ。これに対して、核禁忌には、常に核禁忌という規範が遵守されると断言できない、という弱点がある。核禁忌のみでは、核兵器の使用を防ぐことはできないのである。

四　被爆者の声がもつ国際政治上の意義

　被爆者たちは、国際社会において、核兵器の非人道性を語る。それが、核兵器を使用することは倫理に反するとの認識をもたらす。結果として、核兵器を使用してはならないという核禁忌が醸成・強化される。

核兵器廃絶に向けた被爆者の声は、一見、核兵器をめぐる国際政治状況や安全保障の問題を考慮していないため、現実を踏まえない「理想主義」として捉えられがちである。だが、被爆者たちは、ヒロシマ・ナガサキという核兵器の非人道性を語ることで、核兵器の使用が道義に反するという認識を国際社会において高める。それが、核兵器を使用してはならないという核禁忌を醸成・強化させており、その結果、核兵器が使用されにくい状況をもたらす。すなわち、現実に核兵器の不使用という状況を作り出していることから、被爆者の声はきわめて重要な政治的行為といえよう。被爆者の声を一笑に付すことはできないのだ。

だとすれば、現実主義者にとって、核兵器に関する安全保障の最大の目的が、敵対国による核兵器の使用を抑制させることにあるのであれば、被爆者の声は規範的抑制をもたらしているかぎりにおいて、安全保障上、「現実主義」的な意義をもっているといえよう。この点に関して、高坂正堯は、核兵器の使用とその抑制について、すぐれて冷徹な分析をしている。

> 核兵器が使えない兵器であり、そして他の軍事力の使用をきわめて限定することがその主要な機能であるということは、いくつかの要因によるものであり、それゆえ、今後も核兵器が使用されるようなことはまず考えられない。まず、核兵器はその極度の破壊力ゆえに、人道主義

的な感情がその使用への強い抑制力となり、世論の反対という形で政治的な現実となっている。次に、核兵器を使用した場合、他国の報復の可能性が恐れられる。現在、どのような形で核兵器を使用しても自ら傷つくことなしに核兵器を使うことはできないような相互抑止の体制が米ソ間に成立しているのである。第一の点は、核時代における平和運動によって強く主張されて来たし、第二の点は、核抑止として知られる。そして、平和運動と核戦略家はお互いに非難しあって来たが、それらはともに、核兵器の使用を抑止するのに役立って来たのである。(高坂二〇〇八：一七一―一七二、傍点は引用者)

高坂の議論にもあるように、核抑止の重要性を主張する「現実主義」的な核戦略家と、核兵器の非人道性を語る「理想主義」的な平和運動は、各々が意図しようがしまいが、核兵器が使用されにくい状況を協働で作り上げているのだ。

こうして、核兵器の不使用という状況は、核抑止と核禁忌という二つの要素で成り立っている。ただし、繰り返していうが、核禁忌の規範は常に守られるとはかぎらない。核禁忌のみでは、核兵器が使用されることを抑制することはできないのである。もちろん、核抑止だけで、核兵器の使用を抑制することもできない。核抑止は常に機能するとはかぎらないからである。したがって、核抑止と核禁忌だけでは、核兵器の使用を防ぐことはできない。この意味で、核兵器禁止条約の前文二項において、「いかなる場合にも核兵器が再び使用されないことを保証する唯一の方法として、核兵器を完全に廃絶することが必要である」と謳っていることは、きわめて重要であるといえよう。核兵器廃絶という試みは、検討すべき重要なアプローチであるということである。

注

（1）禁忌のわかりやすい事例として、たとえば、イスラームでは豚を食べることが禁忌として認識されている。また、近親相姦も禁忌の事例としてあげられよう。

（2）詳細については、Paul（2009:16）を参照のこと。

（3）「禁忌」よりも「伝統」の用語を使用するほうが望ましい理由の詳細については、Paul（2010:856-863）を参照のこと。

（4）タンネンワルドは、核兵器不使用の「伝統」の概念をポールよりも前に提示したスコット・セーガンの論考（Sagan 2004）に対して、①国の指導者や大衆は伝統ではなく禁忌としてみなしていること、②すべての違反行為が核禁忌を破るとはかぎらないことを理由に反論している（Tannenwald 2007:14）。また、核禁忌は、ほかの禁忌よりも脆いかもしれないが、核兵器が万が一使用された場合、それに対する国際的批判が核禁忌を再び強化するかもしれないとも述べている（Tannenwald 2007:16-17）。

（5）核「禁忌」ではなく核兵器不使用の「伝統」を主張するポールも、核兵器を使用してはならないという規範を維持しなければ、つぎのような否定的影響が生じうると指摘している。「最悪のシナリオとして、核のオプションを放棄した多くの国家は、核兵器が使用されるという将来の可能性を阻止すべく、国家レベルで核の能力が必要不可欠であると認識した際、核に関する自らの政策を再考するかもしれない。また、テロリストは、米国の核兵器使用に対する報復であると主張することで、無辜の人びとへの殺害を正当化するであろう」(Paul 2009:211-212)。なお、ホフマンは、中性子爆弾との文脈において、核禁忌が破れる可能性を危惧する。彼は、核兵器の使用について、それが「随伴的被害をもたらさず都市から遠く離れたところで使う」のであれば、「道徳的に容認されうることになろう」(ホフマン一九八五:九三)と指摘する。だが、それは「核のタブーを破り出す」可能性があることから、「倫理的理由から中性子爆弾の使用を提唱したくない」(ホフマン一九八五:九三)と述べている。

第四章
アポリア論

学問的な政治探究において重要なことは、価値を帯びた前提を排除することではなく、それらの前提の究明と批評を試みることであり、道徳的・政治的問題を提起することは、そのような探究の一部であるとみなすことである。(ブル 二〇〇〇:xxiii)

前の章では、被爆者による核兵器の非人道性の語りは、核兵器の使用が道義的に許されないとの認識を高めるとともに、核兵器を使用してはならないという核禁忌を醸成し強化することから、核兵器が使用されにくい状況をもたらしていると指摘した。一言でいえば、核兵器の非人道性を語る被爆者は、核兵器使用の規範的抑制を試みているのである。

だが本書は、被爆者が核兵器の非人道性を語ることで生じうる課題にも目を向ける。まず、第一節において、その課題が何かを述べる。つづく第二節では、被爆者の語りによる国際政治上の意義と課題が同時に存在していることを指摘し、これを「アポリア（難問、行き詰まり）」として捉える。そのうえで第三節では、このアポリアを解決するための道筋を検討する。

一　被爆者の声がもつ国際政治上の課題

被爆者は、核兵器のない世界を実現すべく、ヒロシマ・ナガサキという核兵器の非人道性を国際社会で語っている。これにより、核兵器の規範的抑制というプラスな影響がもたらされる反面、つぎの二つのマイナスな影響を起こす可能性がある。

（一）核抑止論の正当化という逆説

第一は、核兵器の非人道性の語りが核抑止論の正当化を強める、という逆説である。被爆者の語りは、核兵器は非人道的結末をもたらすがゆえに決して二度と使用されてはならない、ということを教えてくれる。しかし皮肉にも、そうであるがゆえに、核兵器の非人道的結末を避けるためには核兵器を保有しなければならない、という論理が出てくる。たとえば、その事例の一つとして、一九九八年のパキスタンによる核実験があげられよう。パキスタンのナワズ・シャリフ首相（当時）は、核実験を実施した理由の一つとして、ヒロシマ・ナガサキの二の舞を避けるためであったと述べている。[1]

これとは別に、一九八〇年のクルト・ワルトハイム国連事務総長（当時）による報告書『核兵器の包括的研究』は、つぎのように述べている。

しかし、広島と長崎の恐怖と悲劇が軍事立案者たちに、このような恐るべき破壊能力を立証した兵器を取得し、その数量と精巧さをたえず増大させようという欲望と義務観を抱かせるにいたったことは、歴史のいっそう不吉なパラドックスの一つである。（国連事務総長報告 一九八二：一七二）

第二章で論じたように、帰結主義者からすれば、核兵器の使用は非人道的な結末をもたらすからこそ、敵対国による核兵器の使用から自国民を守るためには、自国の安全を核抑止に強く依存せざるをえない、となる。核兵器は絶対悪だからこそ必要悪になりうるのである。核兵器の非人道性の語りは、核兵器の使用が道義に反するという規範を醸成する。けれども、国家の安全保障の名のもと、核抑止の道義的正当化もなされうる。ニーナ・タンネンワルド自身も述べているように、核禁忌は、大国間において「核抑止の実効を安定させ、正当化することを促進している」（Tannenwald 2007:18）一面もあるのだ。

ただし、ここで強調しておきたいのは、たとえ核兵器を必要悪として捉えたとしても、帰結主義者は核兵器の使用をめぐる道義の問題から完全に距離を置くことが難しい、という点である。帰結主義者は道義上のディレンマに悩む可能性があるからだ。帰結主義者は、自国の国民の安全を守ることができるとの理由で、核兵器の保有もしくは使用という威嚇の道義的正当性を主張する。しかしそれでもやはり、自国民を守るためには敵対国の国民を犠牲ないし人質にしなければならないのであって、それが道義的に正しいかどうか、帰結主義者は悩む余地が存在するのである。つまり、核兵器の非人道性をあらためて考えざるをえないという可能性があるのだ。したがって、ジョセフ・S・ナイ・ジュニアが的確に指摘するように、帰結主義者にとって核兵器の使用をめぐる道義性は、「同胞への義務と他国民への義務とのあいだの、より微妙なバランスをいかにたもつかにかかっている」(ナイ 一九八八：六三)。

(二) 核武装論の正当化という逆説

第二に、核兵器の非人道性の語りは、核兵器のさらなる拡散の危険性を高めるという逆説、つまり核武装論が浮上するという危険性がある。ここでは、核の先行不使用 (non-first-use of nuclear weapons) を事例に考えてみよう。

核の先行不使用とは、自衛権を行使する際、先に核兵器を使用しないというものである。ただし、相手国が先に核兵器を使用した場合は、その反撃の手段として、核兵器使用という選択肢は残している。したがって、核の先行不使用は、核兵器の使用を全面的に慎むものではない。だが、核兵器の先行不使用は、核兵器が使用される状況を限定することから、安全保障政策における核兵器の役割を低減させる効果をもち、その結果として、核兵器の軍縮・不拡散措置の実施を促すものと期待できよう。

第二章でも触れたスタンリー・ホフマンは、この核の先行不使用を宣言することに注意を促している。彼によれば、核の先行不使用の宣言は、「戦争を制限するための、完全に道徳的で結構な『定言命法』であるかのような印象を与えるが」（ホフマン 一九八五：六五―六六）、核兵器の拡散をもたらすおそれがあるという。その理由をつぎのように説明する。

> 同盟国が攻撃された場合には核の先制使用もありうると脅迫ないし暗示する意志が超大国にある限り、非核保有国も超大国に守られているという安心感を持ち得たのに、先制不使用宣言によってそれが崩壊してしまうからである。（ホフマン 一九八五：六六）

つまり、安全保障の問題を考慮せずに、核兵器の非人道性をもっぱら強調して、核兵器の軍縮・不拡散措置を推し進めた場合、核保有国と同盟関係にある国は、それらの措置が実施されることで安全保障上の不安に直面する、ということである。[2] そして、その不安を払拭する手段として、同盟国による核武装論が浮上するかもしれない。

核兵器の非人道性に疑問の余地はない。さりとて、安全保障の問題を考慮しなければ、核武装論が高まるおそれがある。ナイが指摘するように、「核兵器特有の多くの問題は、道義的原則だけではなく、むしろ経験的、戦略的、そして慎慮にもとづく議論に目をむけざるをえないものである」(ナイ 一九八八：一三七)。

核兵器の非人道性を訴えることは、道義上、正しい。ただし、安全保障の問題を考慮することなしに、核兵器のない世界を実現することはできない。しかし、だからといって、安全保障の問題を考慮しさえすれば、核兵器のない世界を実現できるものでもない。核兵器のない世界を実現するためには、安全保障の問題を考慮すると同時に、核兵器の非人道性を強く訴える必要がある。その意味で、ヒロシマ・ナガサキという核兵器の非人道性は、「安全保障を確保できなければ、核兵器のない世界を実現することができない」という乾いた風にかき消されてはならないのである。

なお、先述した核抑止論と核武装論の正当化という逆説は、核兵器を「保有」することで、核兵器の使用という脅威から安全保障を確保するというアプローチをとることを前提に起こりうる。その一方で、核兵器禁止条約の前文二項には、「いかなる場合にも核兵器が再び使用されないことを保証する唯一の方法として、核兵器を完全に廃絶することが必要であることを認識し」と述べられている。つまり、核兵器禁止条約は、核兵器を「廃絶」することで、核兵器の使用という脅威から安全保障を確保するというアプローチをとっている。これら二つのアプローチは、核兵器を保有するか廃絶するかという手段で大きく異なるが、核兵器使用の脅威から安全保障の確保を試みるという同じ目的をもっているのである。

二　核兵器の非人道性をめぐるアポリア

ここで、被爆者が核兵器の非人道性を国際社会で語ることの意義と課題をまとめておこう。核兵器の非人道性を語ることは、核兵器の使用は倫理に反するとの認識を高めるとともに、それにより、核兵器を使用してはいけないという核禁忌を醸成し強化する結果、核兵器が使用されにくい状況を国際社会に生み出す。しかし同時に、核兵器の非人道性を語ることは、核兵器の使用が倫理に反するからこそ、自国民を守るために、自国の安全を核兵器に強く依存するという結果ももたらす。また、安全保障の問題を考慮せずに、核兵器の非人道性をもっぱら強調して核兵器の軍縮・不拡散措置を推し進めた場合、核兵器のさらなる拡散を生じさせる危険性がある。

すなわち、核兵器の非人道性の語りは、国際社会において、核兵器の規範的抑制をもたらす反面、核抑止論と核武装論の正当性を強める可能性がある。本書では、この解決困難な逆説の状況を「核兵器の非人道性をめぐるアポリア」として捉える。「アポリア（aporia）」とは、「難問」もしくは「行き詰まり」（初瀬 二〇二一）を意味する。[3] 具体的には、高橋良輔が整理しているように、①背反する二つの事柄が並立しているアンチノミー（二律背反）、②「異なる複数の選択のどれもが受け入れがたいようなディレンマやトリレンマ」、③「当初の思惑とはまったく逆に意図せざる結果が生じてしまうパラドクス（逆説）」、④「世界観・価値観を揺るがすようなアイロニー（困惑）」といった状況を指す（高橋 二〇一四：六）。本書では、核兵器の非人道性をめぐるアポリアを、③の「パラドクス（逆説）」の意味で用いる（ただし、被爆者や核兵器廃絶を主張する人たちが、③の逆説的な状況となっていることに対して④の「困惑」を覚えている、と捉えることもできよう）。

アポリアとされる問題を根本から解決することは、きわめて困難である。けれども、アポリアの解決を試みなければ、それは知の怠惰というべきであろう。初瀬龍平が指摘するように、アポリアは私たちに「『知への接近の態度』の厳正な見直しを求めるものであり、解決困難な問題に立ち向かうことを要求するものである。ここでは、解決出来ないとすることは、推奨されない」（初瀬 二〇二一：二）のである。核兵器の使用は、道義上、決して許されるものではない。であるからこそ、私たちは、核兵器の非人道性をめぐるアポリアに直面するのであり、またそれを解決しなくてはならないという道義上の義務を負っているのである。

三　アポリア解消の道

それでは、いかにして、核兵器の非人道性をめぐるアポリアを解決することができるのだろうか。

だが、その前に、このアポリアの内容をもう少し丁寧に考えてみたい。先述の初瀬は、筆者が提起した核兵器の非人道性をめぐるアポリアを引用しながら、つぎのように述べる。

第二に、世界で多くの人々が、広島、長崎の惨状を二度と繰り返さないために、真剣に核兵器廃絶を訴えている。反核の声を高めることは、反人道兵器として、核兵器使用を抑制する力（タブー）を強めることである。このことは、とりわけ核先制使用の抑制について言えることである。しかし、他方で核武装を進める傾向は、いまでも世界で続いている。これは、反核の声がまだ弱いからなのか。実は、ヒロシマ、ナガサキの惨状を説くことには、アイロニーとパラドックスが内在している。たとえば、自分たちが二度と同じような惨状に巻き込まれないためには、

自らが核武装して自衛せよ、という発想も生まれてくる。（初瀬二〇一七：一八－一九、傍点は引用者）

つまり、核禁忌という規範があるにもかかわらず、核兵器を保有する国が存在していること、それは「反核の声がまだ弱いからなのか」と反語形で問いかけているのである。そこで、この問いかけに応じて、あらためて核兵器の非人道性をめぐるアポリアを検討したい。なぜなら、この問いかけには、国際社会における核禁忌の浸透度を踏まえたうえで、核兵器の非人道性をめぐるアポリアを検討しなければならないという、重要な示唆が含まれていると考えるからだ。すなわち、もし核禁忌が国際社会に強く浸透している状況のなかで、核兵器の非人道性をめぐる語りが核抑止論と核武装論の正当化をもたらしているのであれば、これは「難問」もしくは「行き詰まり」という意味で、アポリアとして成立する。しかし、そうではなく、国際社会における核禁忌の浸透度がまだ弱いという状況において、核兵器の非人道性の語りが核抑止論と核武装論の正当化をもたらしているのであれば、これは解決する可能性を秘めているという意味で、アポリアではない。なぜなら、反核の声をさらに強めることで、核禁忌が国際社会に深く浸透していけば、核抑止論と核武装論の正当性は弱くなる可能性があるからだ。はたして、核兵器の非人道性をめぐるアポリアは、本当にアポリアであるといえるのか。

（二）再検討

筆者が提起した核兵器の非人道性をめぐるアポリアは、被爆者によるヒロシマ・ナガサキという核兵器の非人道性の語りを通じて、核禁忌という規範が国際社会において広く行き渡っていることを前提に議論を展開していた。したがって、筆者のいうアポリアが成立するためには、①核禁忌が、被爆者の語りを通じて、国際社会において強く浸透していること、②にもかかわらず、被爆者による核兵器の非人道性の語りは、核禁忌を通じて、核抑止論と核武装論の正当化をもたらしていること、を明らかにしなければならない。だが、論理的にはともかく、管見のかぎり、これを証明するデータや文献はいまのところない。何より、国際社会における核禁忌の浸透度をどのような基準で測るのかという、重要な問題を抱えている。

とはいえ、国際社会において核禁忌が強く浸透していない点と、核兵器の非人道性を語る被爆者の声がまだ弱い点を指摘することはできる。第三章でみたように、核禁忌の概念を提起したタンネンワルドでさえ、核の禁忌が①国際社会に広く行き渡っておらず、十分に強固な規範となっていないこと、②米軍には受け入れられていないことを述べているからだ（Tannenwald 2007:59）。

ここで、一つの疑問点が出てこよう。それは、核兵器禁止条約の成立は核禁忌が国際社会に強く浸透している証拠ではないか、というものである。この点について彼女は、核兵器禁止条約が核の禁忌を強化することは認めている（Tannenwald 2018: 102）。また、核兵器禁止条約の成立過程における市民社会の役割が重要であることも認めている。ただ、成立過程で盛り上がっていたのは、あくまで政策エリートたちや問題関心の高い諸団体であって、多くの市民は核兵器が使用される危険性を減らすことに興味を示していないとも指摘する（Tannenwald 2018: 103）。要するに、タンネンワルドの指摘にしたがえば、核の禁忌は国際社会においてまだ強く浸透していないということである。

また、NHKが二〇一五年に実施した調査によれば、「あなたは、原爆の被害や被爆者の実情は、世界にどの程度伝わっていると思いますか」との質問に対して、広島市と長崎市の人たちの約四パーセントが「十分に伝わっている」、約三〇パーセントが「ある程度伝わっている」、約五五パーセントが「あまり伝わっていない」、約八パーセントが「まったく伝わっていない」と回答している。[4] つまり、原爆の被害や被爆者の実情が伝わっていないと考えている人が約六〇パーセントいるということである。

さらに、被爆者自身も、核兵器の非人道性を語る自らの声が、国内においてすらまだ弱いと考えている。たとえば、読売新聞と広島大学平和センターが実施した「爆心二キロ　被爆者アンケート」（『読売新聞』二〇一八年七月二八日）によれば、広島と長崎の爆心地から二キロメートル以内にいた「近距離被爆者」の一〇〇名のうち、「核兵器の脅威に関する次世代への継承」について、「ほとんど伝わっていない」が二一人、「あまり伝わっていない」が四二人となっている。つまり、被爆者の約六割が、核兵器の非人道性とその語りの継承に問題があると認識しているのである。

このように、核禁忌という規範が国際社会のなかでまだ強く浸透していないと捉えるのであれば、核兵器の非人道性の語りが核抑止論や核武装論の正当性を高めていると言い切ることはできない。核禁忌を通じて核兵器の非人道性に対する国際社会の認識が一層強まれば、核抑止論と核武装論の正当性は弱まる可能性があるからだ。したがって、核兵器の非人道性をめぐる逆説の状況は、解決できる可能性があるという意味で、論理上、アポリアではない可能性がある。

しかし、である。核禁忌という規範が国際社会で強く浸透していくためには、少なくとも以下の三つの課題を克服しなければならないであろう。

一つ目は、核禁忌と相容れない核兵器使用の政策や計画が存在しているという課題である。たとえば、第三章でも触れたように、米国の「単一統合作戦計画（ＳＩＯＰ）」があげられる。国際社会には、核禁忌という規範が存在していると同時に、核兵器を実際の戦闘で使用できるという認識も根強く存在している。この認識があるかぎり、核禁忌が国際社会のなかで深く浸透しているとはいえないであろう。
　二つ目は、核兵器に対する絶対悪と必要悪との認識ギャップである。この認識ギャップをどう埋めていけばいいのか。たとえば、米国のテレビドラマでは、相手を「完膚なきまでに痛めつける」という意味で、nagasakiが動詞として使用されている（宮本 二〇二〇：三三―三四）。また、「広島・長崎への原爆投下は、五〇から一〇〇万人の米軍の命を救ったので、倫理的に許される」という、いわゆる「原爆神話」も存在している。[5] この原爆神話は、米国が核兵器を絶対悪ではなく、必要悪として認識していることを示しているといえよう。なお、この神話は、自国の安全保障を確保するためであれば、核兵器の使用は倫理的に認められるという論理とつながっているということを見逃してはならない。
　三つ目は、ヒロシマ・ナガサキがもつ普遍性の相対化という課題である。被爆者による核兵器の非人道性の語りは、日本の被害者としての側面ばかりが強調されてしまうと、日本以外の国の人たちからすれば、日本の加害者としての側面を切り落としているように映る。その結果、ヒロシマ・ナガサキという普遍性は相対化されてしまい、核禁忌が国際社会で深く浸透していくことが困難となる可能性がある。[6]
　これら三つの課題を克服することができないのであれば、筆者が提起した核兵器の非人道性をめぐる逆説は、解決が困難という意味で、アポリアに陥る可能性がある、ということになろう。

（二）再提起

ここで、議論の視点をずらして、もう少し深く考えたい問いがある。それは、たとえ核禁忌が国際社会で広く深く浸透したとして、そもそも、核武装論や核抑止論を完全に否定することは難しいのではないだろうか、という点である。

核禁忌は常に遵守されるとはかぎらない。そのため国家は、敵対国による核兵器の使用という脅威に対して、核禁忌だけでは不安を払拭することができず、自国の安全保障を核兵器に依存し続けようとするかもしれない。核抑止論と核武装論が正当化される背景の一つには、国家の安全保障を確保するという政策目標が深く関わっている。これは、国家の安全保障を確保するためには、核兵器が必要不可欠であるという認識である。それゆえ、核禁忌が国際社会に広く深く浸透していたとしても、核禁忌が常に遵守されるとはかぎらない可能性がある以上、加えて、主権国家を軸とする国家の安全保障の考えが強くあるかぎり、核兵器を保有している国やその同盟国は、核抑止論や核武装を正当化し続けるのではないだろうか。被爆者による核兵器の非人道性の声は、国家の安全保障という名のもとで、かき消されてしまうのではないかというおそれである。

だとすれば、核兵器の非人道性をめぐるアポリアは、主権国家システムとそれにもとづく国家安全保障概念との関連で見出せる、とも指摘できよう。すなわち、被爆者が語る核兵器の非人道性は、核禁忌を通じて核兵器が使用されない状況を作り出す反面、主権国家にもとづく安全保障の考えが強くあるかぎりにおいて、核抑止論や核武装論を正当化させてしまうのではないか、というアポリアである。

ただし、留意すべき点が一つある。それは、アポリアが生じているのは、被爆者による核兵器の非人道性の語りが、あくまで主権国家をベースとする安全保障観に埋め込まれているからである、という点だ。被爆者が、国際社会において、核兵器の非人道性を語ることが理由ではない。核武装論と核抑止論の正当化という逆説が起こる根本的原因は、被爆者による核兵器の非人道性の語りそれ自体にあるのではなくて、主権国家をベースとする安全保障観にある。したがって、逆にいえば、主権国家にもとづかない安全保障を模索することで、核兵器の非人道性をめぐるアポリアを解消できるのかもしれない。アポリア解消の道はみえているのだ。

この議論に関して、坂本義和による論考は、良い出発点を提供してくれよう。なぜなら坂本は、核の時代を終焉させるための一つの方途として、「従来の閉鎖的な『主権国家』や『国民国家』や『民族国家』を変革」して、「トランスナショナルな市民の権利と利益を表出し、またそれが国家を国家間（インターナショナル）の協力へと方向づける」ような「市民国家 civic state」という脱主権国家へと移行しなければならないと指摘しているからだ（坂本 一九九九：六一）。核兵器のない世界を実現するためには、主権国家そのものを変革する必要があるというわけである。しかし問題は、①この「市民国家」と核兵器をめぐる安全保障がどのような関係にあるのか、また、②「市民国家」に移行する実効性はいかなるものか、というところにあろう。この二つの問題を克服しなければ、核兵器の非人道性をめぐる逆説は、難問もしくは行き詰まりという意味で、アポリアとして存在し続けることになろう。

注

（1）『中国新聞』一九九八年五月二九日、https://www.hiroshimapeacemedia.jp/abom/98abom/Pakistan/index.html（二〇二二年一月二五日アクセス）。ただし、シャリフ首相は、ヒロシマ・ナガサキのような非人道的結末を避けようとしたものの、「核兵器の使用は倫理に反する」と実際に考えていたかどうかは不明である。この問題点については、黒澤満教授よりご指摘いただいた（二〇二一年度日本平和学会秋季研究集会、分科会「軍縮・安全保障」、二〇二一年一〇月二九日、広島修道大学）。

（2）米国のバラク・オバマ政権は二〇一六年以降、核の先行不使用の採用（正確には、核兵器の「唯一の目的（sole purpose）」を相手国による核兵器使用の抑止に限定するという宣言）を本格的に検討したものの、採用することはなかった。その理由の一つには、核の傘の弱体化を危惧する日本政府の反対があったからとされる。詳細については、太田（二〇二二）を参照のこと。また、ジョー・バイデン政権は、オバマ政権の核軍縮路線を引き継いで核兵器使用の「唯一の目的」を宣言するのではないかと期待されていた。しかしながら、二〇二二年三月二八日に発表された「核態勢の見直し（Nuclear Posture Review: NPR）」の概要において、「核兵器の基本的役割は、米国、同盟国ならびにパートナー国に対する核攻撃を抑止することにある」と述べられているものの、核兵器使用の「唯一の目的」が採用されることはなかった。U.S. Department of Defense, "Fact Sheet: 2022 Nuclear Posture Review and Missile Defense Review," https://media.defense.gov/2022/Mar/29/2002965339/-1/-1/1/FACT-SHEET-2022-NUCLEAR-POSTURE-REVIEW-AND-MISSILE-DEFENSE-REVIEW.PDF（二〇二二年三月二九日アクセス）。この背景には、抑止力の低下を懸念する同盟国の存在があった（『読売新聞』二〇二二年二月二〇日）。

（3）古代ギリシャ哲学におけるアポリアの意味については、上野（二〇二二）が参考になる。

（4）NHK「原爆意識調査（広島・長崎・全国）単純集計結果」、https://www.nhk.or.jp/bunken/research/yoron/pdf/20150805_1.pdf（二〇二二年三月二二日アクセス）。

（5）原爆神話については、斉藤（一九九五）を参照。

（6）これは、被爆者が核兵器の非人道性を国際社会で語ることによって生じる、もう一つのアポリアといえよう。このアポリアについては、あらためて終章で触れることにする。

第Ⅲ部

「語る」被爆者と「語らない／語れない」被爆者

扉写真：山王神社に残る被爆したクスノキ（長崎）

第五章

多様性

うちよりもっとえっとしあわせになってええ人たちがぎょうさんおってでした。そいじゃけ、その人たちを押しのけて、うちがしあわせになるというわけには行かんのです。うちがしあわせになっては、そがあな人たちに申し訳が立たんのですけえ。（井上二〇〇一：六七）

第Ⅲ部では、被爆者による核兵器の非人道性の語りについて、もう少し深く理解するために、核兵器の非人道性を「語る」被爆者だけでなく、「語らない／語れない」被爆者にも光を当てる。この第五章では、核兵器の非人道性を国際社会で「語る」被爆者が、日本社会の「語る」被爆者と「語らない／語れない」被爆者に対して、どのような影響を与えるのかを検討する。つぎの第六章では、核兵器の非人道性の語りを継承していくためにはどうすればよいかを考察する。

まず、本章で議論を展開していく前に、おさえておきたいことがある。それは、あらためて「被爆者とは誰か」という点である。もちろん、序章で記したように、本書でいう被爆者とは、一九四五年八月に広島と長崎に投下された原爆の被害者のことを指す。そして、被爆者には、自らの被爆体験を「語る」被爆者たちと、「語らない／語れない」被爆者たちが存在している。これまで本書で取り上げてきた被爆者は、文字どおり、国際社会という舞台で核兵器の非人道性を語り、影響を与える被爆者たちであったということになろう。翻って、この章では、被爆者間の関係性を理解するために、国際社会のなかで核兵器の非人道性を「語る」被爆者が、日本社会の「語る」被爆者と「語らない／語れない」被爆者に対して与えうる影響とは何かを検討しておきたい。

とはいえ、被爆者間の関係性を検討するためには、社会学の視点が必要となる。(1) 実際、社会学の分野において、米山（二〇〇五）、奥田（二〇一〇）、宇吹（二〇一四）、直野（二〇一五）といったように、多くの優れた研究がある。そこで本章は、社会学をベースとする研究成果を参照しながら、国際社会のなかで核兵器の非人道性を「語る」被爆者と、日本社会で「語る」被爆者および「語らない／語れない」被爆者との関係性について、検討を試みたい。

第一節では、国際社会で核兵器の非人道性を「語る」被爆者を紹介する。つづく第二節と第三節は、核兵器の非人道性を国際社会において「語る」被爆者が、日本社会で「語る」被爆者と「語らない／語れない」被爆者への影響をそれぞれ考える。そのうえで、第四節において、被爆者が国際社会において核兵器の非人道性を語ることの意味合いを明らかにする。

一　国際社会で「語る」被爆者

国際社会で核兵器の非人道性を「語る」有名な被爆者として、サーロー節子をあげることができよう。二〇一七年一二月、核兵器廃絶国際キャンペーン（International Campaign to Abolish Nuclear Weapons: ICAN）は、核兵器禁止条約の採択に大きな役割を果たしたことが評価され、ノーベル平和賞を受賞した。授賞式当日に被爆者として演説をおこなったのがサーローである。演説で述べた「あきらめるな！（がれきを）押し続けろ！動き続けろ！光が見えるだろう？そこに向かって這っていけ」という言葉は、これまでを生きてきた彼女の強さを表している。原爆の衝撃で破壊された建物のなかで、身動きできなくなった彼女に聞こえてきたもの、それがこの言葉であった。

一三歳のときに広島で被爆したサーローは、広島女学院大学の在学時に北海道でカナダ人の男性と出会い、大学卒業後に結婚した。いまはカナダのトロントに住んでいる。彼女は、ＩＣＡＮと行動をともにする前から、英語を駆使してカナダや米国などで核兵器の非人道性を語ってきた。なぜ彼女は核兵器の非人道性を語るようになったのか。トロント市教育委員会でソーシャルワーカーとして勤務しているときに、軍縮に関心がある教師から被爆の体験を語ってほしいとの依頼があったことがきっかけだったという（サーロー・金崎 二〇一九：七九）。そして、カナダの国民の多くが原爆のことを他人事と考えていることに「怒りに打ち震え、いてもたってもいられなくなった」（サーロー・金崎 二〇一九：八一）。このように、サーローのような被爆者が国際社会で核兵器の非人道性を語ることで、核禁忌という規範が強化されてきたのである。

なお、サーローの原爆の体験が「語る」被爆者のすべての体験を代弁しているのではないという批判もあろう。たしかに、被爆をしたときの年齢や場所などの違い、また被爆したあとの生活環境やライフスタイルなどは一人ひとり異なり、被爆者の数だけ原爆体験の数が存在している。ただ、ヒロシマ・ナガサキを普遍性をもって語るということは、それを集合的経験で語ることでもあり、これには限界がともなっていることもおさえておかなければならない。「集合的経験とは個人の経験の集積でありえても、個人の経験そのものではない。そのため、誰かがそれを代弁する必要がある」（根本 二〇一八：一三二）からだ。それゆえ、さまざまな体験をした被爆者がいるからといって、サーローが他の被爆者の原爆体験を代弁してはならないと批判することは間違っているといえよう。

二　日本社会で「語る」被爆者への影響

それでは、サーローのような国際社会で「語る」被爆者は、日本社会で「語る」被爆者にどのような影響を与えうるのか。

まず、指摘できるのは、国際社会で「語る」有名な被爆者の存在を知ることで、また、ともに核兵器のない世界に向けて行動することで、日本社会で「語る」被爆者たちは勇気づけられるという点である。たとえば、日本原水爆被害者団体協議会（被団協）[2]は、ヒロシマ・ナガサキの経験を語るとともに、核兵器使用の禁止を長らく訴えてきた。ノーベル平和賞の授賞式には、被団協の当時の代表委員であった田中熙巳と事務局次長であった藤森俊希が出席している。サーローの演説を聴いていた藤森は、「心を揺さぶられた。被爆者たちは、もっと力を尽くすぞとの思いをかみしめたはず[3]」との感想を述べている。

一方で、日本社会で「語る」被爆者は、国際社会で「語る」有名な被爆者の存在を知ることで、自らの被爆体験を語ることに躊躇いを覚える可能性もあるのではないだろうか。いいかえれば、「語る」被爆者から「語らない／語れない」被爆者になる可能性があるのではないだろうか。この可能性を理解するために、被爆者間に境界線が引かれていることをまずは確認しておきたい。
被爆者が「被爆者健康手帳」を所持するためには、「原子爆弾被爆者に対する援護に関する法律」にもとづいて「被爆者」と認定されなければならない。認定にあたっては、「直接被爆者」に関しては爆心地からどのくらいの距離で被爆したのか、「入市者」[4]に関してはいつ被爆地に入市したのかといったように、いくつかの要件を満たさなければならない（図5－1、図5－2）。

この被爆者の定義は、被爆者のあいだに境界線を引くことから、互いに非難しあうという状況に被爆者たちが陥ってしまうことがある。すなわち、

> 原爆の爆風や閃光を直接浴びた被爆者が、「あの人は火傷もしていないのに……」と、入市被爆者に対する違和感を吐露したり、後者が「原爆に遭っていないから」と体験を語ることを躊躇することもある。（直野二〇一五：五三）

このように、被爆した距離や時空間との差異により、被爆者間には境界線が引かれてしまうのだ。この境界線による溝は、メディア等で「語る」有名な被爆者と、家族や周囲などに「語る」一般の被爆者とのあいだで、より深くなっていく。ここでは、高山真の『〈被爆者〉にな

図5-1　広島被爆地図

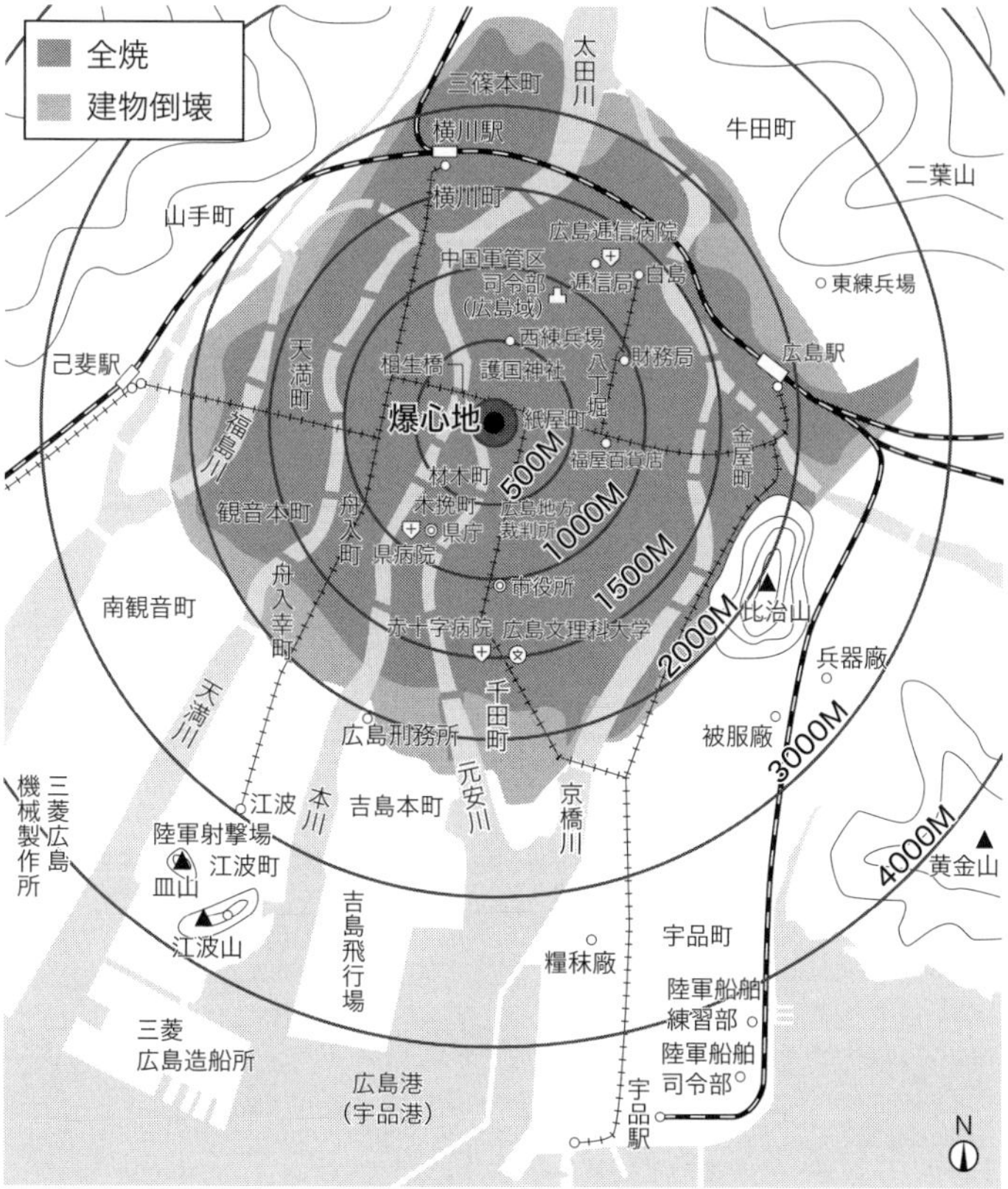

出所：『朝日新聞』のウェブサイト「広島・長崎の記憶——被爆者からのメッセージ」(http://www.asahi.com/hibakusha/, 2022年3月15日アクセス）をもとに筆者作成。

図5-2　長崎被爆地図

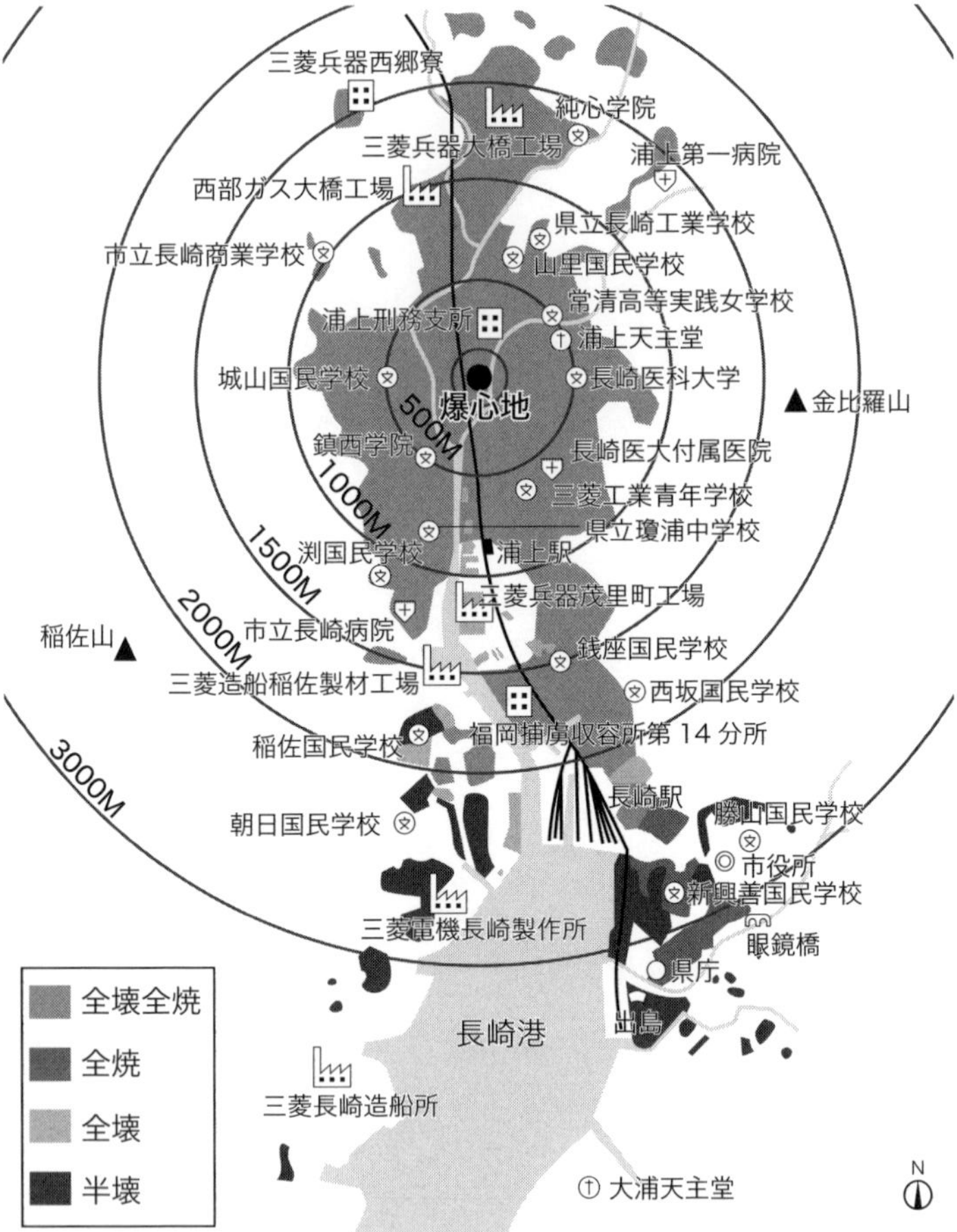

出所：『朝日新聞』のウェブサイト「広島・長崎の記憶――被爆者からのメッセージ」(http://www.asahi.com/hibakusha/, 2022年3月15日アクセス）をもとに筆者作成。

る』（高山 二〇一六）で登場する福田須磨子とYさんという二人の長崎の被爆者の関係性に着目してみよう。

爆心地から一・八キロメートルで被爆した福田は、原爆による身体的障害を被りながらも、詩やエッセイを通じて核兵器の非人道性を語った有名な被爆者である。Yさんは爆心地から四・三キロメートルのところで被爆した。被爆の明瞭な記憶がないYさんは、福田が語る凄惨な被爆体験と比べれば、自らの被爆体験の話は三分で終わると思うようになる。Yさんにとって福田は「第一級の、ごく限られた有名な被爆者」（高山 二〇一六：二四）であるがゆえに、福田という語り手が「聖視」（高山 二〇一六：二七三）されていくことも相まって、「あいん人たちの話ばきいたら、なんも話すことはなか」（高山 二〇一六：二二二）という心持ちになるのだ。ここには、「曖昧な、ためらいの心情」（高山 二〇一六：二二二）がある。そして、「有名な被爆者のように、聞き手に語り聞かせる体験はないのではないかと思い、『あいん人たち』（有名な被爆者）を心理的に閉め出す」（高山 二〇一六：二二二）。

福田とYさんの関係性は、あくまで日本社会で「語る」有名な被爆者と「語る」一般の被爆者であって、国際社会で「語る」有名な被爆者と日本社会で「語る」一般の被爆者の関係にはない。とはいえ、国際社会であれ日本社会であれ、「語る」有名な被爆者が「聖視」されていけばいくほど、日本社会で「語る」一般の被爆者は「曖昧な、ためらいの心情」に苛まれるため、「語らない／語れない」被爆者となる可能性があるといえるのではないだろうか。これは、国際社会や日本社会で活躍するサーローのような「語る」有名な被爆者の行為が間違っているということでは決してない。本章で指摘したいこと、それは、「語る」有名な被爆者のスポットライトのそばには、「語る」一般の被爆者が存在している（存在してきた）ことを、私たちは決して忘れてはならない、という点である。日本社会には、「テレビに出ている人たちだけでなく、自分たちにも被爆を語る資格があるし、伝える義務がある」（水島 二〇二〇：一一二）と考えている被爆者たちが存在している。「テレビが被写体を絞ることで、多様な被爆経験と戦後が埋もれる」（水島 二〇二〇：一一二、傍点は引用者）危険性を看過してはならない。

三　日本社会で「語らない／語れない」被爆者への影響

つぎに、国際社会で核兵器の非人道性を「語る」被爆者は、日本社会で「語らない／語れない」被爆者たちに対して、どのような影響を与えうるのだろうか。

「語らない／語れない」被爆者は二つのタイプに分類することができる（図5－3）。一つ目のタイプは、存在自体を忘れられているために「語らない／語れない」被爆者である。二つ目のタイプは、被爆者として存在が知られているものの、差別・偏見・罪悪感・トラウマなどに

図5-3　被爆者の分類

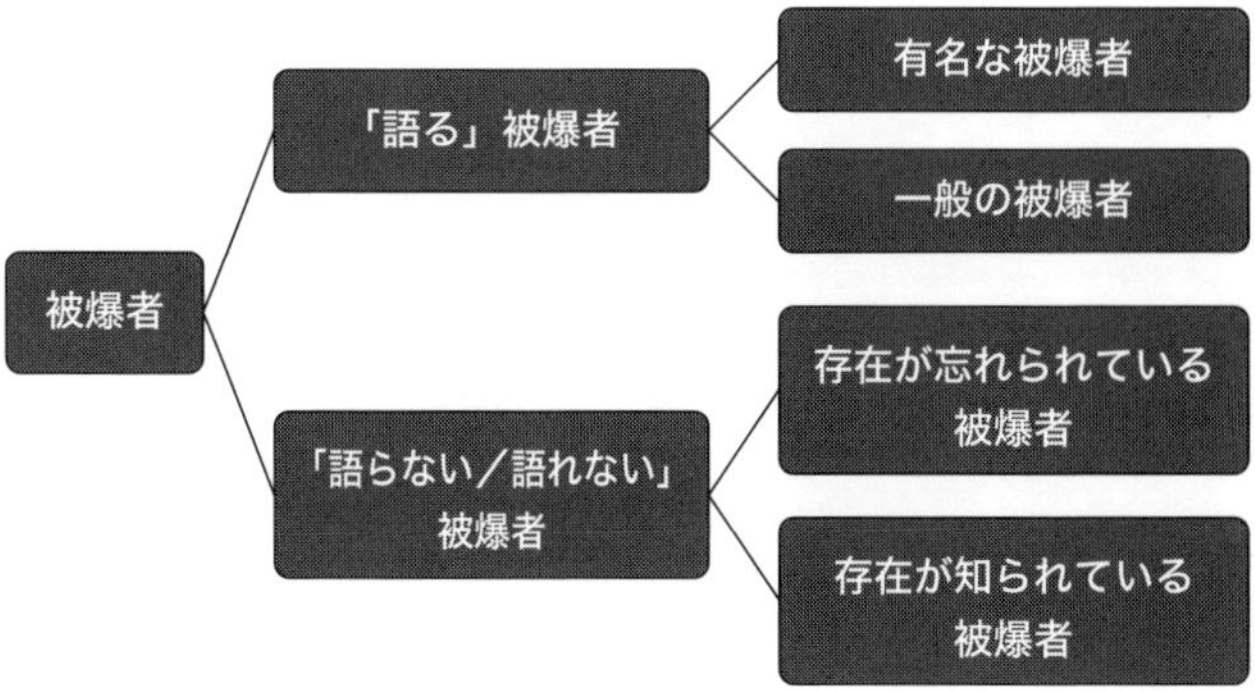

出所：筆者作成。

よって「語らない／語れない」被爆者である。[5]

一つ目のタイプである、存在自体を忘れられているために「語らない／語れない」被爆者とは、どのような人たちであろうか。被爆者の「多様性」を知ることの重要性を理解するために、いまは存在が知られているものの、かつてはその存在が忘れられていた被爆者たちを確認するのがいい。

たとえば、朝鮮人被爆者である。[6] 広島では約五万人、長崎では約二万人の朝鮮人が被爆しているが、その存在は一九六〇年代まで忘れられていた。その理由の一つは、原水爆禁止運動などが日本「国民」の運動として展開されていたからである。反原爆の国民運動は「被爆ナショナリズム」にもとづいていた。直野章子が指摘するように、この被爆ナショナリズムは「原爆被害者への共感を促しながら日本国家に対する責任追及を後押しした反面、国民共同体の外部に打ち棄てられた被害者たちの痛みに想像力が及ぶのを妨げてきた」（直野二〇一五：七）のである。朝鮮人の被爆者という存在、それは、被爆者＝日本人という図式が虚構であることを明らかにする。さらにいえば、朝鮮人被爆者の存在は、被爆者という点と朝鮮人という点で、彼ら／彼女らが日本人から二重の差別を受けていたことも明らかにする。[7]

また、日本人のなかにも忘れられていた被爆者がいた。沖縄出身の被爆者である。戦後の沖縄は米国の施政権下ということもあって、沖縄に帰郷した被爆者の存在は長らく忘れられていた。その間、医療という点で、放置されたままであった。実際、被爆者健康手帳の交付は本土より一〇年も遅れている。[8]現在、社会学をベースとする研究により、沖縄被爆者の語りが明らかになりつつある。[9]たとえば、桐谷多恵子は、沖縄には米軍基地が存在していることなどから、沖縄の被爆者が抱える苦しみと広島と長崎の被爆者の抱えるそれとは異なっていると指摘する（桐谷二〇二〇：一二四―一二五）。実際に、沖縄の被爆者のなかには、県民の四人に一人が犠牲となった沖縄戦を経験していないことが負い目となり、「語らない／語れない」被爆者となっている人たちも存在している。[10]

このように、かつては存在を忘れられていたが、いまはその存在が知られている被爆者たちがいる。[11]とすれば、いまも存在自体を忘れられている別の被爆者がいて、彼ら／彼女らは「語らない／語れない」被爆者となっている可能性はないだろうか。そして、核兵器の非人道性を国際社会で「語る」有名な被爆者にスポットライトが当てられすぎてしまうと、いまも存在を忘れられている「語れない／語らない」被爆者がさらに不可視化されてしまうのではないだろうか。[12] たとえば、サーローがノーベル平和賞の授賞式で演説した二〇一七年一二月の時点で、被爆者のなかでも周縁に置かれた「ろう被爆者」[13]の存在とその語り（四條 二〇一八）を知っていた人はどのくらいいたのだろうか。

つぎに、「語らない／語れない」被爆者の二つ目のタイプ、すなわち被爆者として存在が知られているものの、差別・偏見・罪悪感・トラウマなどによって「語らない／語れない」被爆者たちである。ここでは、罪悪感やトラウマで苦しむ被爆者に焦点を当ててみよう。原爆の衝撃で家が崩壊し、その倒れた木材に挟まったり下敷きになったりして身動きできなくなった家族を「見殺しにした」と考えている被爆者がいる。また、原爆による火災から逃れることに精一杯で、水をくださいと懇願していた人を「見殺しにした」と考えている被爆者もいる。

ここで、こうの史代の『夕凪の街 桜の国』を取り上げてみよう。この本は、漫画というフィクションではあるが、罪悪感やトラウマで苦しむ被爆者のリアリティを映し出している。主人公の平野皆実は、堀の下の同級生を見殺しにしたことで罪悪感に襲われ、「お前の住む世界は　そっちではない　と誰かが言っている」と考えてしまう。そして、「しあわせだと思うたび　美しいと思うたび」に、「愛しかった都市のすべてを　人のすべてを思い出し」て、「すべて失った日にひきずり戻される」（こうの 二〇〇四：二三―二五）。このような被爆者は、自責の念に苦しみ、自らの被爆体験を語ることが困難となってしまうことがあるのだ。[14]私たちは、「語る」有名な被爆者だけでなく、罪悪感やトラウマによって「語らない／語れない」被爆者たちも存在していることを強く意識しておかなければならない。核兵器の非人道性を「語る」有名な被爆者にスポットライトが当てられすぎてしまうと、罪悪感やトラウマによって「語れない／語らない」被爆者たちの存在がさらに不可視化されてしまうおそれがあるのだ。

罪悪感やトラウマで苦しむ被爆者にとって、一九四五年八月六日ないし九日は、自らの人間性を失った日を意味する。ただしそれは、「語らない／語れない」被爆者たちが決して非人間的であるということを意味しない。石田忠が的確に指摘するように、一九四五年の八月六日や九日はいわば極限状態であって、そのときは人間性を失っていたかもしれないが、時間が経つにつれて人間性を回復させたからこそ、罪悪感などに苦しんでいるのだ（石田 一九八六ａ：一四四）。すなわち、「人間へ回帰した」ゆえに、自責の念に駆られるのである。[15]

四　意味合い

以上、これまでみてきたように、国際社会で核兵器の非人道性を「語る」有名な被爆者の語りにより、日本社会で「語る」被爆者たちは勇気づけられる一方で、「語らない／語れない」被爆者になってしまう可能性があろう。また、核兵器の非人道性を国際社会で「語る」有名な被爆者にスポットライトが集中すればするほど、いまも存在を忘れられている「語らない／語れない」被爆者たちが不可視化されるだけでなく、差別・偏見・罪悪感・トラウマで苦しむ「語らない／語れない」被爆者の存在も忘却される可能性があろう。

しかし、誤解を避けておくために繰り返していうが、この心痛い問題はサーローや福田といった「語る」有名な被爆者たちが引き起こしているのではない。「語る」有名な被爆者たちは決して悪くない。「語る」有名な被爆者をみる私たちの心構えが問題となることを強調しておきたい。すなわち、私たちは、スポットライトを浴びている被爆者の陰で、その他の多くの被爆者たちが存在しているのではないかと常に問い続けて想像しなければならない、ということである。被爆者の多様性を常に意識することが大切なのである。

被爆者には、「語る」被爆者と「語らない／語れない」被爆者がいる。そして、「語る」被爆者には、「語る」有名な被爆者と「語る」一般の被爆者がいる。また、「語らない／語れない」被爆者には、存在自体を忘れられているがために「語らない／語れない」被爆者と、存在が知られているものの罪悪感やトラウマなどによって「語らない／語れない」被爆者がいる。このような多様な被爆者たちが存在していること、すなわち被爆者の多様性を私たちが忘却したとき、国際社会での被爆者による核兵器の非人道性の語りは、日本社会における被爆者の声をかき消してしまうおそれがあろう。

注

(1) そのほかにも、人類学、宗教学、民俗学といった視点も必要となろう。

(2) 被団協については、日本原水爆被害者団体協議会編(二〇二二)を参照のこと。

(3) 『日本経済新聞』二〇一七年一二月一二日、https://www.nikkei.com/article/DGXMZO24469870R11C17A2CC0000/(二〇二二年七月八日アクセス)。

(4) 「入市者」とは、広島市の場合は一九四五年八月二〇日までに、長崎市の場合は同年八月二三日までに、爆心地から二キロメートル圏内に入った者を意味する。

(5) 存在が知られているものの「語らない/語れない」被爆者たちは、原爆の体験を本当に語っていないのかと問いかけることは重要である。なぜなら、自らの被爆体験を「語らない/語れない理由」が、核兵器の非人道性に関連しているのであれば、その「語らない/語れない」という事実それ自体が、核兵器の非人道性を物語っているからである。この点については、第六章であらためて述べる。

(6) 忘れられていた朝鮮人被爆者の存在については、たとえば鄭(二〇一七)を参照のこと。

(7) また、日本人どうしのあいだでも差別が生じた。たとえば、長崎の被差別部落の人たちとキリスト教信者の人たちは、被爆者という点だけでなく、その出自や信仰という点でも凄まじい差別を受けた。事例をあげれば、「原爆は長崎に落ちたのではなく、浦上に落ちた」という考え方が長崎にはあるという。浦上は、有名な浦上天主堂があるように、キリスト教の信者が多く住んでいる地域であった。つまり、キリスト教信者と非キリスト教信者という境界線のもとで、長崎の原爆をめぐる差別的な語りがなされていたのである。なお、被差別部落の人たちとキリスト教信者のあいだでも、差別の問題が生じていた。以上の詳細については、髙山（二〇一六）を参照されたい。

（8）この点に関する詳細については、福地編（一九八一）を参照のこと。

（9）被爆者の語りをめぐる研究の意義の一つは、忘れられていた被爆者の存在を明らかにすることで、原爆被害を語るという営みに豊かさと深さをもたらすという点にあろう。

（10）『西日本新聞』二〇二〇年八月九日、https://www.nishinippon.co.jp/item/n/634015（二〇二一年七月一二日アクセス）。

（11）そのほか、かつては存在を忘れられていたが、いまはその存在が知られている被爆者として、東南アジアの留学生や捕虜となった米兵たちがあげられよう。

（12）この問題提起については、四條知恵による日本平和学会での報告（四條 二〇一八）から大きな示唆を得た。

（13）ろう被爆者については、たとえば、長崎県ろうあ福祉協会・全国手話通訳問題研究会長崎支部編（一九九五）がある。

（14）この点に関する詳細については、太田・三根・吉峯（二〇一四）を参照されたい。

（15）石田は、NHKスペシャル「なぜ助けられなかったのか…広島・長崎七〇〇〇人の手記」（一九九〇年八月二日放送）のなかで、被爆者が抱える心の苦しみに迫っている。同番組の概要と解説については、根本（二〇二〇）を参照のこと。

第六章
時間性

〈原爆〉のもった最大の意味は、それが原爆否定の思想を生み出したというところに在る。この思想形成の必然は被爆者の〈生〉そのものの中に在る。（石田 一九七三：一）

この章では、前章に引き続いて、核兵器の非人道性を「語る」被爆者と、「語らない／語れない」被爆者に着目する。

序章で述べたように、二〇二〇年三月現在、被爆者は約一三万七千人で、その平均年齢は約八三歳となっている（厚生労働省 二〇二〇）。被爆者の数が少なくなっていると同時に、被爆者の高齢化が進んでいるのである。これは、核兵器の非人道性を国際社会で「語る」被爆者が減少することを意味しており、その結果、核兵器を使用してはならないという核禁忌が国際社会のなかで深く浸透していかないおそれがある。いいかえれば、核兵器使用の規範的抑制が弱まっていく危険性があるということだ。このような状況のもと、核兵器の非人道性の語りを記憶ならびに継承していくためには、どうしたらいいのだろうか。本章では、語る「被爆者」と「語らない／語れない」被爆者がもつ「時間性」に注目することで、若干の考察を試みたい。

まず、第一節において、「未来志向型の回帰的時間」と「過去志向型の回帰的時間」という二つの概念を提起する。そのうえで、第二節と第三節を通じて、未来志向型と過去志向型の回帰的時間のなかで生きている被爆者の人生を紹介する。これを踏まえて最後の第四節では、核兵器の非人道性の語りを記憶・継承していくために必要な「構え」を示したい。

一　未来志向型と過去志向型の回帰的時間

被爆者の行動は、ある制約条件に大きな影響を受けている。それは、寿命という時間環境である。この制約条件において、核兵器の非人道性を「語る」被爆者と「語らない／語れない」被爆者は、どのような時間のなかで生きているのだろうか。

永井陽之助は、「政治的資源としての時間」と題する論考のなかで、過去・現在・未来を軸に私たちの住む社会を分類している。具体的には、「『過去』のために『現在』を犠牲にする」伝統的社会、「『現在』のために『未来』を犠牲にする」現代資本主義体制、「『未来』のために

『現在』を犠牲にする」社会主義体制の三つに分類している（永井 一九七九：七〇）。これらの分類に妥当性があるか否かはともかく、本章の文脈で注目したいのは、過去・現在・未来のどれを志向するかに着目して観察対象を考察しているという点である。後述するように、核兵器の非人道性を語るという行為は、過去と未来のどちらを志向するかによって大きな影響を受けるからだ。それでは、被爆者は、過去・現在・未来のどれを志向して、どのような時間のなかに生きているのだろうか。

被爆者は「未来志向型の回帰的時間」もしくは「過去志向型の回帰的時間」という時間の流れのなかにいる。まず、未来志向型の回帰的時間である（図6－1）。「現在」にいる被爆者は、ヒロシマ・ナガサキという「過去」を振り返ったときに、核兵器がもつ非人道性の記憶を想い出す。その結果、核兵器がいまもなお多く存在している「現在」を問題として捉えて、核兵器のない世界の実現という「未来」に向かって「現在」を生きていく。そして、「現在」を生きる被爆者は、核兵器のない世界という「未来」の実現が困難であるといったような苦しい状況に陥ったとき、あらためて「過去」を振り返ることで、核兵器の非人道性の記憶を再び呼び起こす（次節で具体的な事例を取り上げる）。こうして、被爆者は過去・現在・未来を回帰しながら生きていく。未来志向型の回帰的時間とは、核兵器の非人道性という「過去」の記憶ゆえに、「未来」を強く見据えながら「現在」を生きるという時間の流れである。それゆえ、図6－1

図6-1　未来志向型の回帰的時間

出所：筆者作成。

では、現在から未来への時間の流れを示す矢印は太くなっている。この場合、被爆者は「未来」を志向することで「現在」を生きているのだ。

つぎに、過去志向型の回帰的時間である（図6－2）。この時間の流れのなかでも、「現在」の被爆者は、ヒロシマ・ナガサキという「過去」を振り返ったときに、核兵器がもつ非人道性の記憶を呼び起こす。しかしながら、過去志向型の回帰的時間の流れにいる被爆者は、未来志向型の回帰的時間のなかの被爆者とは異なり、「未来」を生きることに戸惑いを覚える。自分だけが「現在」生き残ってしまったという罪悪感により、「未来」に生きることを躊躇するからだ。また、たとえば結婚といった明るい「未来」を描くような人生の岐路に立つとき、「過去」を強く意識してしまうため、自分だけが幸せになっていいのかと悩む。その結果、「未来」を生きることができず、「現在」の自分に戸惑ってしまう（第三節で具体的な事例を取り上げる）。こうして、被爆者は過去・現在・未来を回帰しながら生きていく。過去志向型の回帰的時間とは、核兵器の非人道性という「過去」の記憶ゆえに、「未来」を見据えることが困難となりながら「現在」を生きるという時間の流れである。そのた

図6-2　過去志向型の回帰的時間

出所：筆者作成。

め、図6－2では、現在から過去への時間の流れを示す矢印は太くなっている。この場合、被爆者は「過去」を志向することで「現在」を生きているのだ。

　未来志向型と過去志向型の回帰的時間は、ともに時間の流れが回帰しているという点で同じである。しかし両者は、回帰する時間のなか、「現在」において、「未来」と「過去」のどちらを志向しているのかという点で異なっている。核兵器の非人道性を「語る」被爆者は、声をあげる被爆者である。この被爆者は未来志向型の回帰的時間の流れに生きている人たちといってよい。だが、被爆者には、罪悪感やトラウマ[1]によって、もしくは差別や偏見を恐れて、声をあげられない人たちもいる。このような被爆者には過去志向型の回帰的時間が流れているのだ（第三節で具体的な事例を取り上げる）。

　もちろん、未来志向型と過去志向型の回帰的時間の概念は理念型にすぎない。たとえば、これまでは核兵器の非人道性を語らなかったものの、何らかのきっかけで、ヒロシマ・ナガサキという核兵器の非人道性を語るようになる人たちもいる。つまり、過去志向型から未来志向型の時間に移行して生きていく被爆者もいる（第四節で具体的な事例を取り上げる）。また、時には未来志向型の回帰的時間のなかで、またあるときには過去志向型の回帰的時間の流れでというように、二つの時間の流れのなかで葛藤《コンフリクト》しながら生きている被爆者も存在していよう。

とはいえ、未来志向型と過去志向型という二つの回帰的時間の概念は、核兵器の非人道性を「語る」被爆者と、「語らない／語れない」被爆者がなぜ同時に存在しているのか、その理由の一つとして、彼ら／彼女らのなかで流れる時間が大きな影響を与えていることを示唆している。ここに、二つの回帰的時間の概念を用いる意義があろう。

ただし、一点、留意すべきことがある。被爆者は、未来志向型の回帰的時間のなかであれ、過去志向型の回帰的時間のなかであれ、一九四五年八月六日もしくは九日を軸として過去・現在・未来を回帰している。しかしながら、被爆者のなかには、過去・現在・未来を回帰せずに、それらを超越して時間を過ごす人たちもいる。その一つの例として、自身も被爆した永井隆の「神の摂理」による原爆投下とその被害の受け入れ方があげられよう。カトリック信者であった永井にとって、終戦日である八月一五日は聖母の被昇天の大祝日でもあった。永井は著書『長崎の鐘』のなかで、以下のように述べている。

終戦と浦上潰滅との間に深い関係がありはしないか。世界大戦争という人類の罪悪の償いとして日本唯一の聖地浦上が犠牲の祭壇に屠られ燃やさるべき潔き羔として選ばれたのではないでしょうか？（永井 二〇〇九：九三）

すなわち、永井は、長崎に原爆が落とされたのは「神の摂理」（永井 二〇〇九：九二）であると解釈したのであった[2]。この解釈について、「当時の社会では、永井は批判されるどころか、人格者として讃えられた。原爆を恨まず、むしろ自分たちの蛮行を反省し、平和な日本になったことを慈しむ、そのような態度が一種の美徳として受け止められた」（山本 二〇一五：四－五）。しかしながら、もし原爆投下を「神の摂理」として受け止めるのであれば、それはあらかじめ定められた「運命」であるため、時を越えてしまっている[3]。このような被爆者のなかには、過去・現在・未来を回帰する時間が流れていない。

以上のように、さまざまな時間を過ごす被爆者が存在している。それでは、未来志向型と過去志向型の回帰的時間のなかにある被爆者たちは、その生をどのように生きているのだろうか。

二　未来志向型の回帰的時間に生きる被爆者

被爆者には、核兵器の非人道性という「過去」の記憶ゆえに、核兵器のない「未来」を強く見据えながら「現在」を生きている人たちがいる。(4) たとえば、漫画家の中沢啓治は、自身の被爆体験をもとに「おれは見た」という短編作品を描いた。この作品をきっかけに『はだしのゲン』が誕生したといわれている。この短編作品のなかに、両親と兄弟を原爆で失った中沢が、「未来」を生きるセリフを残している(以下の引用はすべて〔中野二〇一三:八一〕)。すなわち、

ち　ちくしょう　おれは原爆の漫画をかいてやる　漫画の中で原爆をたたきつぶしてやる
戦争をおこし　おれたちをさんざんのたうちまわらせたやつらを　たたきつぶしてやる

と述べている。

ここでは、未来志向型の回帰的時間の流れを生きている被爆者を詳しくみるために、第五章でも取り上げたサーロー節子に再び着目してみよう。

サーローをあらためて紹介すれば、彼女は一三歳のときに広島で被爆し、のちに結婚をして、現在はカナダのトロントに在住している。彼女は日本だけでなくカナダや米国などで核兵器の非人道性を語ってきた。また、ICANと行動をともにし、核兵器の非人道性を語ることで、核兵器禁止条約の採択に多大なる貢献を果たした。

二〇一七年一二月、ICANは核兵器禁止条約の締結に大きく貢献したことから、ノーベル

平和賞を受賞する。その授賞式において、サーローは講演をおこなった。(5)その内容は、まさに未来志向型の回帰的時間のなかに生きている被爆者の人生そのものである。彼女は「私たち被爆者は、七〇年以上にわたり、核兵器の完全廃絶のために努力をしてきました」と述べたうえで、つぎのようにいう。

私たちは、大国と呼ばれる国々が私たちを核の夕暮れからさらに核の深夜へと無謀にも導いていこうとする中で、恐れの中でただ無為に座していることを拒みます。私たちは立ち上がったのです。私たちは、私たちが生きる物語を語り始めました。核兵器と人類は共存できない、と。

つまり、核兵器のない世界を実現するには「現在」厳しい状況であるが、そうであるからこそ、「人類と核兵器は共存できない」との「未来」を描きながら「私たちが生きる物語を語り始め」る。彼女はあらためて「過去」を振り返る。

幽霊のような姿の人たちが、足を引きずりながら行列をなして歩いていきました。恐ろしいまでに傷ついた人々は、血を流し、やけどを負い、黒こげになり、膨れあがっていました。体の一部を失った人たち。肉や皮が体から垂れ下がっている人たち。飛び出た眼球を手に持っている人たち。おなかが裂けて開き、腸が飛び出て垂れ下がっている人たち。人体の焼ける悪臭が、そこら中に蔓延していました。

また、自らの甥のことも語る。

広島について思い出すとき、私の頭に最初に浮かぶのは四歳のおい、英治です。彼の小さな体は、何者か判別もできない溶けた肉の塊に変わってしまいました。彼はかすれた声で水を求め続けていましたが、息を引き取り、苦しみから解放されました。

このような「過去」を振り返りながら、被爆者が未来志向型の回帰的時間のなかに生きていたことを、サーローはつぎのように語る。

私たち被爆者は、苦しみと、生き残るための、そして灰の中から生き返るための真の闘いを通じて、この世に終わりをもたらす核兵器について世界に警告しなければならないと確信しました。くり返し、私たちは証言をしてきました。

そして、過去・現在・未来を未来志向型で回帰することで、「未来」に強く生きることを語る。

私は一三歳の少女だったときに、くすぶるがれきの中に捕らえられながら、前に進み続け、光に向かって動き続けました。そして生き残りました。今、私たちの光は核兵器禁止条約です。この会場にいるすべての皆さんと、これを聞いている世界中のすべての皆さんに対して、広島の廃墟の中で私が聞いた言葉をくり返したいと思います。「あきらめるな！（がれきを）押し続けろ！　動き続けろ！　光が見えるだろう？　そこに向かって這っていけ」

このようにサーローは、核兵器の非人道性という「過去」の記憶ゆえに、「未来」を強く見据えながら「現在」を生きている。「未来」を志向することで「現在」を生きているのだ。彼女は未来志向型の回帰的時間のなかを生きる被爆者にほかならない。

ただし、未来志向型の回帰的時間のなかに生きている被爆者は、寿命という制約条件としての時間環境に大きな影響を受けている。であるからこそ、当然のことながら、核兵器の非人道性の語りを記憶・継承していくことが私たちには求められているのである。

三　過去志向型の回帰的時間に生きる被爆者

被爆者には、核兵器の非人道性という「過去」の記憶ゆえに、「未来」を見据えることが困難となりながら「現在」を生きている人たちがいる。被爆者のなかには、「過去」に周りの人たちが死んだにもかかわらず、自分たちだけが「現在」生き残ったことで、罪と恥の意識をもつものもいるからだ。[6] これは、ホロコーストの生存者と同じ心の苦しみである（トンプソン編一九八八：四八－四九）。そして、自分だけが「現在」生き残ってしまったという罪悪感により、「未来」に生きることを戸惑う。すなわち、このような被爆者は、過去志向型の回帰的時間に生きるのである。

一九八五年に被団協が実施した調査によれば、回答した六七四四名の被爆者のうち、「罪意識／自分だけ助かったので」が三〇名（〇・四パーセント）、「罪意識／水をやったので」が三八名（〇・六パーセント）、「罪意識／水をやらなかったので」が一九五名（二・九パーセント）、「罪意識／助けられなかったので」が四五六名（六・八パーセント）、「罪意識／助けず逃げたので」が九五名（一・四パーセント）、「その他の罪意識」が一三一名（一・九パーセント）であった（濱谷二〇〇九：二九）。これらの罪意識を抱いた被爆者たちについて、濱谷正晴はつぎのように述べている。

人びとは、(1)「あの破壊」の中で「気が動転」し、(2)「火に追われて」救い出すところではなく、(3)「一人の力では」なすすべもなく、(4)「自分の命」を守らなければ、(5)「自身もけが・やけどを負って」人のことどころではなく、(6)「家」に帰りたいと焦り、「家族の安否」が気に掛かって、そして(7)「わけのわからない恐怖」に支配され、立ちつくすか、逃げまどうか、さまよい歩くしかなかったのである。

また、読売新聞と広島大学平和センターは、二〇一八年に「爆心二キロ 被爆者アンケート」を実施している。これは、広島と長崎の爆心地から二キロメートル以内にいた「近距離被爆者」の一〇〇名にアンケートを実施したものだ。「人を救えなかったことへの自責の念があるか」という質問について、身近な人や助けを求める人を救えなかった経験がある四七人のうち、三五人もが「自責の念に駆られたことがある」と回答している。[7] 被爆者は、「過去」の死者とともに「現在」を生きているのだ。

このように、被爆者には、自責の念に苛まれる人たちがいる。ただし、自責の念に駆られた人がみな、過去志向型の回帰的時間のなかだけに生きるわけではない。自責の念に駆られて、

語り部になっている人もいるからである。たとえば、湯浅笑子は、

「助けて」と手を上げる人の姿を今も思い出す。つらいけれど、体験が忘れ去れないように語り部を続けてきた。(8)

と語る。これは、たとえ自責の念に駆られたとしても、過去志向型ではなく未来志向型の時間のなかに生きている被爆者も存在していることを意味しよう。ただし、第五章で指摘したように、被爆者のなかには語り部になれない人たちがいることも忘れてはならない。

罪悪感や自責の念をもった被爆者は、「過去」を強く意識してしまうため、たとえば結婚といった明るい「未来」図を描く際、自分だけが幸せになっていいのかと悩む。その結果、「未来」を生きることができず、「現在」の自分に戸惑ってしまう被爆者がいる。このような過去志向型の回帰的時間の流れのなかに生きている被爆者を詳しくみるために、第五章で取り上げた平野皆実にあらためて着目してみよう。

皆実が主人公である作品『夕凪の街 桜の国』は、「従来の原爆表現の、ひりひりと迫るような現実感とは異なる美しく儚い物語として、被爆者の悲しみと、それを乗り越えて生きる人間の希望を描きあげた」(岡村 二〇一三：三七)という点に、その新鮮さがあった。この作品は

「夕凪の街」と「桜の国」の二つで構成されている。「夕凪の街」は、一九五五年の広島市を舞台にする作品である。被爆から一〇年の歳月が経った広島での物語である。わずか三五頁の漫画ではあるが、若い被爆者女性の悲恋だけでなく、被爆者の悲しみと苦しみ、そしてそれを乗り越えて生きようとする人間の強さが見事に描かれている。一方、「桜の国」は、「現在」の東京で展開されている被爆二世の物語である。この「桜の国」の主人公である石川七波は、「夕凪の街」の主人公の皆実の姪にあたる。つまり、「桜の国」は「夕凪の街」の「未来」となっているのだ。

「夕凪の街」の主人公である皆実は、原爆ドームの北側にある通称「原爆スラム」（旧・相生通り）に住む被爆者で、裁縫の仕事をしながら母親と暮らしている。皆実は、同じ会社に勤める打越豊から求婚を受けて幸せや美しさを感じるとき、自分自身が「現在」生き残ってしまったという罪悪感に襲われる（以下の引用はすべて〔こうの 二〇〇四：一五—一六、二三—二五〕）。たとえば、八月六日という「過去」において、堀の下敷きになった同級生を見殺しにしたことで、

お前の住む世界は　そっちではない　と誰かが言っている

と考える。また、「水を下さい　助けてください」との声が聞こえてくる。そして、救護所には人間がまるで「別の生き物のようにまん丸く膨れた集団が黙って座って」おり、そのうちの一人が「現在」一緒に暮らしている母親だったことを想い出す。母親は顔が腫れて目が開かなかったため、その日の光景をみていない。そのことが、「現在」の皆実をさらに苦しめる。

また、日常生活のなかで、突然ふと罪悪感に襲われるときもある。彼女は銭湯で体を洗っているとき、「ぜんたい　この街の人は　不自然だ」と考える。「誰もあの事を言わない　いまだにわけが　わからないのだ」。ただ、「わかっているのは『死ねばいい』と　誰かに思われたということ　思われたのに生き延びていること」。「そしていちばん怖いのは　あれ以来　本当にそう思われても仕方のない　人間に自分がなってしまったことに」気がつくのである。

皆実は「しあわせだと思うたび　美しいと思うたび」に、「愛しかった都市のすべてを　人のすべてを思い出し」て、「すべて失った日にひきずり戻される」（傍点は引用者）。皆実は、「過去」の記憶に戻されるため、「未来」に進むことができず、「現在」の世界で立ち止まってしまうのだ。なぜなら、

おまえのすむ世界は　ここではないと　誰かの声がする

からである。こうして、皆実は過去・現在・未来を回帰しながら生きていく。そして、「過去」を志向することで「現在」を生きている。それでも皆実は、自責の念に駆られながらも、「未来」を生きることの意味を理解し始めていく。だが、いわゆる「原爆症」で床に伏し、二三歳の若さで死去してしまう。

　このように皆実は、被爆という「過去」の記憶ゆえに、「未来」を見据えることが困難となりながら「現在」を生きている。「過去」を志向することで「現在」を生きているのだ。彼女は過去志向型の回帰的時間のなかを生きている被爆者にほかならない。

　それでは、過去志向型の回帰的時間に生きている被爆者は、核兵器のない世界という「未来」を見据えていないので、核兵器の非人道性を語っていない、といえるのだろうか。その回答は、否、である。たしかに、過去志向型の回帰的時間で生きている被爆者は、核兵器のない世界という「未来」を明示的に描いていないのかもしれない。しかしながら、その原因が核兵器の非人道性という「過去」の記憶が強く蘇ることにあるというのであれば、たとえ文字どおりの語り部としては核兵器の非人道性を語っていないとしても、そのこと自体が核兵器の非人道性を語っていることになろう。[9] いいかえれば、「言葉による語り」と「存在自体による語り」があるということだ。「存在自体による語り」は、核兵器のない世界という「未来」を描くことの重要性を、あらためて強く私たちに教えてくれるのである。

ただし、過去志向型の回帰的時間のなかに生きている被爆者もまた、未来志向型の回帰的時間のなかに生きている被爆者と同様に、自らの寿命という制約条件から逃れることはできない。制約条件としての時間環境に大きな影響を受けているからだ。そのため、ここでも、核兵器の非人道性の語りを記憶・継承していくことが私たちには求められている、と指摘できる。

四　核兵器の非人道性の語りを記憶・継承するために

最後に、過去志向型から未来志向型の回帰的時間のなかに生きるようになった被爆者に触れておきたい。何が、その移りかわりに影響を及ぼしたのだろうか。ここでは、広島の被爆樹木（被爆樹）[10]を取り上げてみたい。また、核兵器の非人道性の語りを記憶・継承するためにはどうすればよいのかについて、若干の考察を試みる。

被爆樹木とは、爆心地から約半径二キロメートル以内で生き残った樹木のことである。被爆樹木には、アオギリ、イチョウ、クスノキ、サルスベリ、ソメイヨシノ、ユーカリといったさまざまな種がある。これらの被爆樹木は、いわゆる「樹木医」によってケアされている。

広島市によると、[11]一九五三年の『原子爆弾調査報告集』をもとに、「爆心地から二キロメートル以内で約五〇パーセントほど幹が折れたとされ、二キロメートル以遠では爆風により倒壊した樹木はな」く、「さらに爆心地から二キロメートル以内は建物の全焼区域でもあり、多くの樹木が焼き尽くされ」た。だが、このような状況だったにもかかわらず、「被爆の惨禍を生き抜いた樹木や焼け焦げた樹木の株から再び芽吹いた被爆樹木が、現在でも爆心地から概ね半径二km以内に約一六〇本残ってい」るという。

有名な被爆樹木に、東白島町にあった広島逓信局（現・日本郵政グループ広島ビル）の中庭にあったアオギリがある。このアオギリは爆心地から約一・三キロメートルで被爆した。しかし、被爆した翌年の一九四六年に新芽が生える。多くの人びとがその力強さに勇気づけられた。その一人が沼田鈴子である。

沼田鈴子（一九二三〜二〇一一年）は二二歳のときに広島逓信局で被爆した。建物の下敷きとなり、命を守るためには膝関節まで腐っていた左足を切断しなければならなかった。麻酔なしの状態で、ノコギリで左足を切断している。終戦後、婚約者が終戦の二カ月前に南方の海で戦死していたことを、婚約者の父親から聞かされて知る。そして、彼女はいつも心のなかでつぎのように考えるようになっていた。

戦争がなかったら、原爆は落とされなかったら、お婿さんになる人が死ななかったら、私は幸せをつかんでいた。でも、何もかも奪われた。私はダメな人間になってしまった。もう、死

んだほうがましかもしれない。（広岩二〇一三：三九）

つまり、悲惨な「過去」のために、「未来」だけでなく「現在」においても生きることが困難な状況に彼女は陥っていたのである。過去志向型の回帰的時間のなかを苦しみながら生きていたのだ。

そのような状況のもと、広島逓信局の中庭でアオギリと再会し、木から新芽が出ていることに気づく。そして、被爆したアオギリと被爆した自分自身を重ね合わせて、深く長いため息のあとに、涙を流したという。このときのことを沼田はつぎのように振り返っている。

傷ついた幹から小枝を出し、そこに若葉をつけたアオギリをじっと見ていると、アオギリが話しかけてきたのです。あなたは生かされたのですよ、それなのに、なぜ死ぬことばかり考えるのですか、だめじゃない――。アオギリは、そう言ったように思います。（広岩二〇一三：五〇）

こうして、彼女は生きる力を取り戻し、家庭科教師として「現在」を生きていく。それだけではない。彼女は、語り部となり、核兵器のない世界という「未来」に向かって、核兵器の非人道性を語り始めたのである。沼田の時間の流れは、過去志向型の回帰的時間から未来志向型の回帰的時間へと移行したのだ。

沼田を過去志向型から未来志向型の回帰的時間へと移行させた広島逓信局のアオギリは、一九七三年五月に広島平和記念資料館のすぐ近くに移植された。アオギリの側の立て札には「爆心地側の幹半分が熱線と爆風により焼けてえぐられましたが、その傷跡を包むようにして成長を続けています」と書かれている。このアオギリの隣には、別の場所から移植された「被爆アオギリ二世」が並んで立っている（写6－1）。写真家の港千尋の言葉を借りれば、「それ（引用者注：被爆樹木）は人間だけでなく風や鳥や虫とともに、日常の風景をなしている。平和への努力は、近所の風景のなかにある」[12]のだ。

そして、被爆樹木とその二世は、被爆者と同様に、未来志向型の回帰的時間のなかに生きている。その一つの事例として、二〇一七年のノーベル平和賞授賞式の前日である一二月九日の出来事があげられよう。その日、広島市長の松井一実や長崎市長の田上富久らは、オスロ大学植物園において、約二〇人の広島と長崎の被爆者たちに見守られながら、広島で被爆したナツメやイチョウなどから採取した種を鉢に植えた。その際、松井は「種が平和の象徴としてオスロの地に根付き、その成長とともに核兵器廃絶に向けた機運が高まり、平和への思いが広く、長く共有されることを願うと伝え」[13]たという。被爆樹木とその二世たちは、ヒロシマ・ナガサキの「過去」を伝えつつも、「現在」において、核兵器のない世界という「未来」を語ってい

写6-1　広島平和記念資料館のすぐ前にある「被爆アオギリ二世」

出所：筆者撮影（2018年8月19日）。

るのである。同席していたオスロ大学のスヴェン・ストールン学長は、つぎのようにコメントした。

原爆は植物を破壊することも、希望を破壊することもできなかったのだ。(14)

被爆樹木には、被爆者と同じく寿命がある。けれども、被爆者であれ被爆樹木であれ、ともに二世、三世へと引き継がれていくという意味で、核兵器の非人道性を記憶・継承していくことができるのである。

また、私たちは被爆樹木の命を知ることで、木と人間との関係性をあらためて考えることができ、さらにそのことは、平和とは何か、を考える機会へとつながっていく。映画監督の石田優子はつぎのように述べる。

被爆樹木は原爆を生きたとても強い木といえるけど、年月がたったいまは、おとろえて人の手によって守られなくては生きていけない弱い木ともいえる。言葉を持たない木だからこそ、木からの声に注意して耳をかたむけようとする。それは、自分とはちがうだれかにたいして想像力を働かせることだ。わたしたちはこの世界にひとりで生きているのではなくて、たくさんの人や生きものといっしょにくらしている。木や森から受けている恩恵に感謝し、木を思いやり大切にする。そのことは大きな意味で平和につながっていると思う。（石田二〇一五：二一七）

それでは最後に、核兵器の非人道性の語りを記憶・継承してくためには、どうすればよいのだろうか。もちろん、上述したように、被爆者や被爆樹木がもつ命のつながりを守っていくことで、核兵器の非人道性を語り継いでいくことは重要であろう。ただ、核兵器の非人道性の語りを記憶・継承できるかどうかは、核兵器の非人道性の語りの記憶を継承しなければならないという私たち自身の意志にも大きくかかっているのではないか。根本雅也はつぎのように指摘する。

> 継承とは個々の被爆者が体験した内容を記憶することでも、誰かから言われたことに従って判を押したように核兵器反対をそらんじることでもない。原爆被害者の立場を知り、それに対する自分の立場を問い続け、行動することが継承なのである。そして、その営みは、たとえ目の前に被爆者がいなくなったとしても終わるわけでない。私たちは被爆者が自分たちに残した言葉に繰り返し向き合い、その意味を問い続けることになるからだ。（根本二〇一八：二六七－二六八）

この指摘を重く受け止めれば、核兵器の非人道性の語りを記憶・継承するために大切なことは、私たち自身が被爆者とともに、被爆者の苦痛や悲しみという「過去」を知り、核兵器のない世界という「未来」に向けて、「現在」をどのように行動していくか、ということであろう。

そのための第一歩として、私たちは「〈被爆者〉になる」ことが求められているのではないだろうか。ここでいう「〈被爆者〉になる」とは、被爆した「他者の記憶、死者の記憶を、自己の経験として内面化していくプロセス」（高山 二〇一六：一一三）を意味する。原爆を体験していない人たちは、被爆者の体験に触れることで、原爆の記憶を引き継ぐことができる。その結果、国際社会において、核兵器の非人道性を語り続けることができよう。

注

（1）戦争は集団的暴力の物理的かつ感情的経験にほかならない（Sylvester 2013）。そして、戦争の経験はトラウマをもたらす。ヒロシマ・ナガサキや九・一一同時多発テロといった社会的経験とトラウマについては、たとえば、Fierke（2004）を参照のこと。

（2）核兵器だけではない。一四世紀にペストが大流行した際、罪を犯したために、神から罰せられたと考える人たちがいたことは有名な話である。

（3）永井による原爆投下の「神の摂理」論は多くの批判を招いた。たとえば、井上ひさしは「原爆投下は天主の恩寵、神の御摂理とする筆者の思想を、ＧＨＱが『これは利用できる』と踏んだからにちがいない」（井上 二〇一四：六〇）と述べている。なお、永井の語りとその意味合いを包括的に検討した重要な研究書として、四條（二〇一五）がある。

（4）他方で、核兵器の非人道性という「過去」の記憶ゆえに、核兵器のない世界という「未来」ではなく、核兵器を保有すべきであるという主張もある。たとえば、清水幾太郎は、最初の被爆国であるからこそ、日本は核兵器を真っ先に保有すべきであると主張している（清水 一九八〇）。この点について、山本明宏は「『被爆しているからこそ核武装する資格を有する』という論理は、『被爆しているからこそ、核廃絶を訴えよう』という平和運動の論理と同様の構造を持っている。被爆体験を重視し、同じ過ちを二度と繰り返さないために、一方は核武装を主張し、他方は核廃絶を主張する」（山本 二〇一五：一六三）と的確に指摘する。また、被爆体験は、核の禁忌だけでなく、「核のアレルギー」を生み出しているという側面もある。つまり、広島と長崎の惨禍を経験した日本社会では、核兵器の保有や使用を肯定的に語ることは禁忌であり、したがって、万が一、核武装論などを唱えれば社会から痛烈な批判にさらされる、という状況である。

（5）サーローによる講演全文の日本語訳は、『朝日新聞』の以下のサイトを参照した。https://www.asahi.com/articles/ASKDB4H8VKDBUHBI008.html（二〇二二年二月七日アクセス）。

（6）トラウマや罪意識をもつ被爆者の事例については、根本（二〇一八）の第八章「死者とともに生きる」で克明に記されている。

（7）『読売新聞』二〇一八年七月二八日。

（8）『読売新聞』二〇一八年七月二八日。

（9）もちろん、原爆の記憶を継承しなければならないという考えがある一方で、記憶にとどめたくないという考えもある。その一つの例として、一九六〇年代の原爆ドームの保存運動があげられよう。当時、平和のシンボルを目指す「存続論」と、辛い記憶をとどめたくないといった「廃止論」があった（朝日新聞広島支局 一九九八）。しかしながら、記憶をとどめておきたくない理由が、核兵器の非人道性に関連しているのであれば、逆説的に、それ自体が核兵器の非人道性を語っているといえよう。

（10）広島における被爆樹木の詳細については、石田（二〇一五）と杉原（二〇一五）を参照のこと。もちろん、長崎にも被爆樹木が存在している。たとえば、福山雅治の曲「クスノキ」は、爆心地から八〇〇メートル離れた山王神社にある「被爆クスノキ」を題材としている。

（11）広島市「被爆建物・樹木・橋梁について」、https://www.city.hiroshima.lg.jp/site/atomicbomb-peace/9226.html（二〇二二年二月七日アクセス）。

（12）『読売新聞』二〇一七年一二月一八日。

（13）平和首長会議「松井会長及び田上副会長がノーベル平和賞授賞式への出席等のためノルウェーを訪問（二〇一七年一二月）」、http://www.mayorsforpeace.org/jp/history/2020_2011/2017_12_gallery.html（二〇一八年一〇月一九日アクセス）。

（14）『読売新聞』二〇一七年一二月一八日。原爆に関する言説や作品には、「破壊」のイメージとともに、「希望」のイメージが投影されていることが少なからずある。たとえば、音楽作品においても、「原爆投下によってもたらされた惨劇や廃墟、死のイメージやそこから生じるインスピレーションを表現したものと、復興や再生、平和、あるいは生のイメージやそこから生じるインスピレーションを表現したもの」（能登原 二〇一五：i－ii頁）がみられる。

終章

人類は自己破壊するのみならず自己再生も図ってきたといえる。それはとりもなおさず平和への志向があるからではなかろうか。（入江 二〇〇一：一二）

この章では、第一節において、これまでの章の内容を振り返ることにしよう。そのうえで、第二節では、「核と被爆者の国際政治学」の今後の課題を示して、本書を閉じることにしたい。

一　各章の要点

序章では、本書の問いを示した。本書を通じて一番考えたいこと、それは、被爆者による核兵器の非人道性の語りが、国際政治において、どのような影響を及ぼすのかという点であった。

この問いに答えるために、まず、①理想と現実、②倫理と力、③核抑止の効用、④安全保障の客体について述べることで、本書の立場を明らかにした。すなわち、理想と現実の双方を重視すること、倫理と力の双方に目を向けること、核抑止は機能しないかもしれないし、するかもしれないという前提に立つこと、人間の安全保障と国家の安全保障の両方を重視することを述べた。そのうえで、核兵器の非人道性にもとづく核兵器廃絶という理想と、軍事的安全保障の問題という現実を同時に踏まえるという、理想主義的現実主義の立場から、議論を展開していくことを示した。

さらに序章では、先行研究における本書の位置づけを明らかにするとともに、被爆者を一九四五年に広島と長崎に落とされた原爆の被害者に限定し、かつ、核兵器を広島と長崎を壊滅させるような一般的な核兵器に限定して議論を展開していくことを述べた。

第I部では、核兵器の使用をめぐる政治と倫理について、その基本的知識を確認した。核兵器の非人道性の語りは、同兵器の使用が倫理に反するという認識にもとづいているからである。

第一章「国際政治と倫理」は、国際政治学において、規範理論・国際倫理（道徳）・グローバル倫理という、倫理的命題を取り扱う研究領域があることを確認した。現代世界の諸現象を理解し説明するためには、力や利得の要素を考慮することはもちろんのこと、倫理的判断の考察も求められているのである。さらに、第一章では、ジョセフ・S・ナイ・ジュニアの分類と考察にしたがって、国際社会における多様性や国際政治と国内政治の相違性などを理由に、国際政治における倫理の余地が小さいことを確認した。国際政治において、倫理は常に守られるとはかぎらないし、優先されるともかぎらない。国際政治の倫理的判断を考察する際、これらの重要な点を見落としてはならない。

第二章「正戦論・義務論・帰結主義」では、核兵器の性質と効果を熟慮するのであれば、核兵器使用の正当性を正戦論の枠組みで問うことは、きわめて困難であることを確認した。マイケル・ウォルツァーが指摘するように、「核兵器は正戦論を爆砕してしまう」（ウォルツァー 二〇〇八：五一四）のである。またこの第二章では、核兵器使用の道義性について、義務論と帰結主義の枠組みを用いて考察した。義務論者は、行為の目的と手段を重視するとともに、個人の尊厳も重視していることから、核兵器の使用は倫理に反するとの見解をもつ。これに対して帰結主義者は、行為の結果を重視するとともに、国家の安全保障をも重視していることから、核兵器使用の威嚇は倫理的に許されるとの見解をもっていると指摘した。

さらに第二章では、核兵器使用の道義性について異なる見解が存在していることの意味合いを明らかにした。すなわち、①義務論者と帰結主義者が、核兵器の使用それ自体は倫理に反する行為であるとの認識を共有していること、②帰結主義者が、あくまで核抑止が機能することを前提に、核兵器使用の威嚇が倫理的に許容されると主張していること、である。

第Ⅱ部では、核兵器の非人道性を「語る」被爆者が国際政治に与えうる影響を考察した。まず、第三章「禁忌論」では、核兵器の非人道性を語る国際政治上の意義を明らかにした。一九四五年八月以降、核兵器が使用されていないのは、核抑止の存在と核兵器不使用の規範が存在していたからである、と指摘した。そして、ニーナ・タンネンワルドが提起した核禁忌という概念に着目した。被爆者たちは、核兵器の非人道性を語ることで、核兵器を使用することは倫理に反するとの認識を高めるだけでなく、核兵器を使用してはならないという核禁忌を醸成し強化している。このことから、核兵器が使用されにくい状況が生み出されていると論じた。この核兵器使用の規範的抑制こそが、被爆者による核兵器の非人道性の語りが国際政治に与えるプラスな影響にほかならない。

また、第三章では、核抑止と核禁忌の概念を比較した。核抑止とは、核兵器使用の威嚇を通じて、核兵器の使用を含む敵対国による攻撃を思いとどまらせるという物理的抑制の試みである。暴力を通じて暴力を押さえ込むという論理である。対して核禁忌は、核兵器の使用は許されないという規範の醸成・強化を通じて、国家による核兵器の使用を思いとどまらせるという規範的抑制の試みである。これは、非暴力で暴力を押さえ込むという論理である。核抑止と核禁忌は、暴力と非暴力のどちらの手段をとるのかという点で大きく異なる。しかしながら、両者はともに、核兵器が使用されにくい状況を国際社会のなかで作り出しているのである。いいかえれば、核兵器の不使用という状況は、核抑止と核禁忌という二つの要素で成り立っているのだ。

ただし、第三章では、核抑止であれ核禁忌であれ、核兵器の使用を抑制することができるかどうかは心許ないこともあわせて論じた。核抑止は常に機能するとは断言できない。また、核禁忌という規範も常に守られるとはかぎらないからである。したがって、核抑止と核禁忌だけでは、核兵器の使用を防ぐことはできないということになろう。この意味で、核兵器廃絶という試みは検討されるべき重要なアプローチである、と指摘した。

つづく第四章「アポリア論」では、核兵器の非人道性を語る国際政治上の課題を明らかにした。すなわち、①被爆者による核兵器の非人道性の語りは、核兵器の使用が倫理に反するからこそ、自国民を守るために、自国の安全を核兵器に強く依存する、という結果をもたらす。また、②安全保障の問題を考慮せずに、核兵器の非人道性をもっぱら強調して核兵器の軍縮・不拡散措置を推し進めた場合、核兵器のさらなる拡散を生じさせる危険性もある。被爆者による核兵器の非人道性の語りは、国際社会において、核兵器の規範的抑制をもたらすと同時に、核抑止論と核武装論の正当性を強める可能性がある、ということである。第四章では、この解決困難な逆説を「核兵器の非人道性をめぐるアポリア」として捉えた。

ただし、このアポリアについては、国際社会における核禁忌の浸透度を踏まえたうえで、あらためて検討する必要があった。筆者が指摘する逆説がアポリアとして成立するためには、①核禁忌が、被爆者の語りを通じて、国際社会において強く浸透しており、②にもかかわらず、被爆者による核兵器の非人道性の語りは、核禁忌を通じて、核抑止論と核武装論を正当化していることを明らかにしなければならない。本書では、これらの二点を明らかにすることができなかった。一方で、核兵器の非人道性を語る被爆者の声がまだ弱いことと、国際社会においては、核禁忌が広く浸透していないことを指摘することはできた。したがって、現時点においては、核兵器の非人道性の語りが核抑止論や核武装論を常に正当化させるとまでは断言できない。核兵器の非人道性に対する国際社会の認識が一層強まれば、核抑止論と核武装論が否定されうるからだ。そのため、筆者が提起した核兵器の非人道性をめぐる逆説は、解決できる可能性があるという意味で、論理上、アポリアではない可能性がある。しかし同時に、核禁忌と相容れない核兵器使用の政策や計画が存在しているという課題、核兵器に対する絶対悪と必要悪という認識ギャップが存在しているという課題、そしてヒロシマ・ナガサキの普遍性が相対化されるという課題が存在する。これらを克服しなければ、核禁忌が国際社会で強く浸透せず、核抑止論と核武装論が完全に否定されることは難しい。したがって、核兵器の非人道性をめぐる逆説は、解決が困難という意味で、アポリアに陥る可能性も残っているのである。

さらに第四章では、たとえ核禁忌が国際社会で広く深く浸透したとしても、核禁忌が常に遵守されない可能性がある以上、加えて、国家の安全保障の考えが強いかぎりにおいて、核兵器を保有している国やその同盟国が、核抑止論や核武装論を正当化し続けるのではないかと指摘した。すなわち、被爆者の語る核兵器の非人道性が、核禁忌を通じて核兵器の規範的抑制をもたらす反面、主権国家にもとづく安全保障の考えが強く存在するかぎり、核抑止論や核武装論を正当化させてしまうのではないか、というアポリアである。ただし、繰り返していえば、被爆者による核兵器の非人道性の語りが間違っているのではない。核武装論と核抑止論の正当化という逆説が起こる根本的原因は、主権国家をベースとする安全保障観にある。したがって、このアポリアは、脱主権国家にもとづく安全保障を模索することで、解消できるのかもしれない。その意味で、アポリア解消の道はみえている。けれども、その道程に現実性がともなうまで、核兵器の非人道性をめぐる逆説は、アポリアとして存在し続けることになろう。核兵器の非人道性をめぐるアポリアは、主権国家システムを基盤とする国家安全保障概念のもとでは解決することが困難である、ということを教えてくれるのである。

第Ⅲ部では、被爆者による核兵器の非人道性の語りについて理解を深めるために、核兵器の非人道性を国際社会で「語る」被爆者だけでなく、日本社会で「語る」被爆者と「語らない／語れない」被爆者の存在にも注目した。

第五章「多様性」では、国際社会で核兵器の非人道性を「語る」被爆者が、日本社会の「語る」被爆者と「語らない／語れない」被爆者に対して、どのような影響を与えているのかを検討した。被爆者には、さまざまな経験をもつ人たちが存在している。まず、大別して、「語る」被爆者と「語らない／語れない」被爆者がいる。さらに、前者の「語る」被爆者には、「語る」有名な被爆者と「語る」一般の被爆者がいる。そして、後者の「語らない／語れない」被爆者には、存在自体を忘れられているがために「語らない／語れない」被爆者と、被爆者として存在が知られているものの罪悪感やトラウマなどによって「語らない／語れない」被爆者がいる。このように、被爆者には「多様性」がみられるのである。

この多様性を踏まえたうえで、第五章では、国際社会で核兵器の非人道性を「語る」有名な被爆者の語りにより、①日本社会で「語る」被爆者たちが勇気づけられる一方で、被爆者間の境界線によって「語らない／語れない」被爆者となってしまう可能性があること、②核兵器の非人道性を国際社会で「語る」有名な被爆者にスポットライトが集中すればするほど、いまも存在を忘れられている「語らない／語れない」被爆者たちが不可視化される可能性があること、加えて、差別・偏見・罪悪感・トラウマで苦しむ「語らない／語れない」被爆者の存在も忘却される可能性があることを指摘した。要するに、被爆者の国際社会における核兵器の非人道性の語りは、日本社会に存在する被爆者の多様な声をかき消してしまうおそれがあるということである。

ただし、この心痛い問題の原因は、核兵器の非人道性を国際社会において「語る」被爆者たちにあるのではなく、国際社会で「語る」有名な被爆者たちをみる私たちの心構えにある。つまり、私たちが被爆者の多様性を忘却したときに、問題が起こりうるということだ。それゆえ、第五章では、スポットライトを浴びている「語る」有名な被爆者の陰で、さまざまな被爆者たちが存在しているのではないかと常に問い続けながら想像することが大切である、と指摘した。

最後の第六章「時間性」では、核兵器の非人道性の語りを記憶し継承していくために、どうすればよいかを考察した。被爆者の数の減少と高齢化は、国際社会において核兵器の非人道性を語る機会が少なくなっていくことを意味しており、その結果、核兵器を使用してはならないという規範が弱まっていくおそれがある。

そこで第六章では、まず、未来志向型の回帰的時間と過去志向型の回帰的時間という二つの概念を提起した。前者は、核兵器の非人道性という「過去」の記憶ゆえに、「未来」を強く見据えながら「現在」を生きるという時間の流れである。これに対して後者は、核兵器の非人道性という「過去」の記憶ゆえに、「未来」を見据えることが困難となりながら「現在」を生きるという時間の流れである。こうした時間の流れの違いに着目して、核兵器の非人道性を「語る」被爆者は未来志向型の回帰的時間のなかで、「語らない／語れない」被爆者は過去志向型の回帰的時間のなかで、それぞれ「現在」を生きていることを論じた。

ただし、過去志向型の回帰的時間で生きている被爆者は、なるほど、文字どおりの語り部として核兵器の非人道性を語っていないといえるかもしれないが、その原因が核兵器の非人道性という「過去」の記憶が強く蘇ることにあるというのであれば、「語らない／語れない」というそのこと自体が、核兵器の非人道性を語っている、と指摘した。被爆者は、未来志向型もしくは過去志向型のどちらかの回帰的時間のなかに生きながら、表現こそ違えども、ともに核兵器の非人道性を語っているのである。

また、第六章では、核兵器の非人道性の語りを記憶・継承していくための「構え」として、核兵器の非人道性の語りを記憶・継承しなければならないという私たち自身の意志が必要不可欠であることを指摘した。私たち自身が「〈被爆者〉になる」（高山 二〇一六）ことで、核兵器の非人道性の語りを記憶・継承していくことが求められているのである。このような「構え」をもつことで、核兵器の非人道性は、国際社会において、語り続けられていくのである。

二　本書の課題

本書は「核と被爆者の国際政治学」を体系的に示したものではない。当然のことながら、多くの課題があろう。さしあたり、六点の課題を指摘しておきたい。

（一）倫理の余地に関して

本書では、現実主義者の知見を用いて、国際政治における倫理の余地は「小さい」という認識のもとで、核兵器の使用をめぐる政治と倫理について考察を進めた。しかし、国際政治において倫理の余地が「大きい」のであれば、本書とは異なった議論を展開することが可能となろう。規範理論・国際倫理（道徳）・グローバル倫理は、そもそも、国際政治における倫理の余地が小さいと考える現実主義者の議論を乗り越えるために誕生している。これらの視点からすれば、国際政治に及ぼす倫理の影響は大きいのかもしれない。

ただ、それでもやはり、たとえ国際政治における倫理の余地が大きいとしても、力という要素や安全保障の問題を慎慮しなければならないであろう。国際政治は、倫理だけでなく、力や利得などの要素で動いているからである。

（二）被爆者に関して

本書は、「被爆者」に焦点を当てて、核兵器の非人道性を語ることの国際政治上の意義と課題を問うものであった。本書のタイトルが『核と被爆者の国際政治学』たるゆえんである。しかしながら、被爆者だけでなく、核実験などで被害を受けた「被曝者」が存在していることも重要である。なぜなら、被爆者と被曝者は、「ばく」の漢字表記が異なるものの、放射線による被害を受けたという点で共通しているからである。それゆえ、核兵器の非人道性の語りを国際政治の観点からさらに深く検討するためには、被爆者と被曝者からなる「被ばく者」を考察の対象とすることも求められよう。すなわち、「核と被ばく者の国際政治学」という研究の展開が求められている。

（三）核兵器に関して

本書で取り扱った核兵器は、広島と長崎を壊滅させたような核兵器である。だが核兵器には、米国が実戦配備しているように、W七六－二といった低出力のものもある。この「小型」の核兵器は、核兵器使用の敷居を実際に上げるか下げるかはさておき[1]、核兵器使用による被害を小さくすることから、核兵器の非人道性を不可視化する効果をもつ。すなわち、小型核兵器は、核兵器を使用してはならないという核禁忌を打ち破る可能性があろう。

この点について米国と英国は、一九九六年のＩＣＪの勧告的意見において、文民に対する被害が少ない小型核兵器と、一般的な核兵器とを区別すべきであると主張している（ICJ 1996: para.91）。しかしＩＣＪは、被害が少ないことを示す基準がないこと、また、エスカレーションしないことを両国が示さなかったため、小型核兵器と一般的な核兵器を区別しなかった

（ICJ 1996: para.94）。さらにいえば、小型核兵器であれ一般的な核兵器であれ、ともに放射線による被害という「不必要な苦痛」を与えることから、両者を区別する必要はないとも考えられよう。

タンネンワルドによる小型核兵器への批判は厳しい。彼女は、たとえ米国が小型核兵器の開発を最終的に断念したとしても、小型核兵器の開発とその使用の可能性を語ること自体が、核の禁忌を弱めるだろうと警告している（Tannenwald 2007: 383）。

このように、「核と被爆者の国際政治学」をさらに発展させるためには、小型核兵器と核禁忌の関係性を深く検討することが求められている。

（四）アポリアに関して

本書で明らかにした核兵器の非人道性をめぐるアポリアとは、核兵器の非人道性が語られることで、核兵器の規範的抑制がもたらされる一方、核抑止論と核武装の正当性が高まるという逆説の状況であった。

だが、第四章で少し触れたように、被爆者が核兵器の非人道性を語ることには、もう一つのアポリアが内在している。被爆者たちは、核兵器による惨劇は人類共通の克服すべき課題であるという「普遍主義」(2)にもとづいて、ヒロシマ・ナガサキという核兵器の非人道性を訴えている。けれども、その声がナショナル・ヒストリーというフィルターを通して日本以外の国の人たちに届いてしまうと、ヒロシマ・ナガサキの普遍主義が相対化されるというアポリア[3]に直面することがある。たとえば、栗原貞子の有名な詩『ヒロシマというとき』の一節にあるように、「〈ヒロシマ〉といえば〈パールハーバー〉〈ヒロシマ〉といえば〈南京虐殺〉」という具合で、ヒロシマ・ナガサキの普遍主義が相対化されてしまうのだ。被爆者が日本の被害者としての側面を強調して、核兵器の非人道性を訴えてしまうと、日本以外の国の人たちからすれば、日本の加害者としての側面が不問に付されているのではないかと捉えられてしまうのである（川崎二〇一八：九五）[4]。

このアポリアを解消するためには、まず、ヒロシマ・ナガサキが私たちに問いかけていることは何であるかを想起すべきであろう。すなわち、石田忠の言葉を借りれば、「原爆は人間に対して何をしたか。そして、人間は原爆に対して何をなすべきか」（石田一九八六b：一〇四）という問いである。石田のこの問いは、人間の尊厳とは何かをあらためて考える機会を提供してくれることから、ヒロシマ・ナガサキの相対化を超える可能性を秘めている。

このように、普遍と相対という核兵器の非人道性をめぐるアポリアも射程に入れることで、「核と被爆者の国際政治学」の研究はさらに発展していくことであろう。

（五）禁忌に関して

本書では、被爆者による核兵器の非人道性の語りは、核禁忌という規範を醸成・強化することから、核兵器が使用されにくい状況を生み出していると指摘した。しかし、本書では、核禁忌が核兵器を禁止する法的確信の形成を促すという側面については、考察を試みていない。核兵器に「悪の烙印を押す（stigmatize）」ことで、核禁忌をさらに強化することができれば、核兵器を「非合法化／非正当化する（delegitimize）」ことが可能となろう。[5]

核兵器禁止条約の成立はその適例である。たとえば、植木（川勝）千可子は、核禁忌が同条約の発効をもたらしたと指摘している（植木 二〇二一：三－四）。近年の国際社会では、オーストラリアを主導国として核兵器の非人道的結末に関する共同声明が出されたり、またノルウェーやメキシコなどが中心となって核兵器の非人道的影響に関する国際会議が開催されたりしている。そして、それらの結果として、核兵器禁止条約が成立した。こうした一連の出来事は、核兵器を使用してはならないという「規範」を「法」へと転換させる過程であったことを示しているといえよう。なお、タンネンワルドは、核兵器禁止条約が核の禁忌を強化する一方で、核兵器保有国が核兵器の重要性を一層強調するという事態をもたらしている、との逆説を指摘している（Tannenwald 2018: 102）。

このように、stigmatizeとdelegitimizeに着目して、核禁忌の概念をさらに深く検討することで、核兵器の非人道性の語りが国際政治に与える影響をより明らかにすることができよう。

（十八）脱主権国家にもとづく安全保障に関して

本書は、核兵器の非人道性をめぐるアポリアを解消するためには、脱主権国家にもとづく安全保障を探究する必要があることを指摘した。しかし、そのためには、まずは主権国家をベースとする国際政治学の方法論と認識論を問い直す作業が求められているといえよう。この点については、日本においても、山下範久・安高啓朗・芝崎厚士の編著『ウェストファリア史観を脱構築する』（山下・安高・芝崎編 二〇一六）や葛谷彩・芝崎厚士の編著『「国際政治学」は終わったのか』（葛谷・芝崎編 二〇一八）などの研究が蓄積されつつある。

以上のように、「核と被爆者の国際政治学」については、さらなる研究の進展が求められている。

本書『核と被爆者の国際政治学』は、被爆者が国際政治に与えうる影響を考察した一つの試みであった。また、本書は、「理想＝核兵器廃絶vs.現実＝安全保障」という二項対立の思考について、理想主義的現実主義の立場から、その相対化と練り直しを試みるものでもあった。本書では、被爆者が国際社会において核兵器の非人道性を語ること、それは、核兵器の規範的抑制をもたらすという意義がある反面、①核抑止論と核武装論の正当性を強める可能性があることと、②日本社会の被爆者たちの声をかき消してしまうおそれがあることを明らかにした。そして、これら二つの課題の根本的原因は、①については主権国家をベースとする安全保障観にあること、②については被爆者の多様性を忘却することにあると指摘した。核兵器の非人道性を国際社会で語る被爆者の政治的行為は、決して間違ってはいないのである。

　核兵器の廃絶という「理想」は、安全保障の問題という「現実」を考慮すれば、現在および予見しうる将来において、その実現が難しい状況にある。しかし一方で、被爆者による核兵器の非人道性の語りは、核兵器の使用が倫理に反するという規範を国際社会のなかで生み出している。この「現実」と、核兵器廃絶という「理想」は、国際政治や安全保障をめぐる「現実」を変容させる可能性を秘めている。被爆者による核兵器の非人道性の語りは、きわめて重要な政治的行為であるといわざるをえない。それゆえ私たちは、被爆者による核兵器の非人道性の語りを記憶・継承していく必要がある。

　核兵器の非人道性を重視する人たちは「理想主義」で、安全保障の問題を重視する人たちは「現実主義」であるという二項対立の思考ではなく、核兵器の非人道性と安全保障の問題を同時に重視するという「理想主義的現実主義」の立場でなければ、核兵器の非人道性を語ることの国際政治上の意義と課題を明らかにすることは難しいのである。

注

（1）たとえば、小型核兵器という「使える」核兵器の使用をほのめかすことで、こちらが望まない行動を相手に思いとどまらせることができるのであれば、小型核兵器は「使用されない」という結果になる。すなわち、小型核兵器の存在がすぐさま核兵器使用の危険性を高めるとは必ずしもいえない、ということである。

（2）もちろん、ヒロシマの普遍主義は、「普遍主義でありつつも、広島という地域で（しかし、他の地域や国の人々との相互作用や社会状況の影響の中で）形作られてきたこと、そしてそれが地域主義的な側面を持っていることを反映する」（根本 二〇一八：一四）。

（3）このアポリアへの対処として、さしあたり、宮本（二〇二〇）とその書評である佐藤（二〇二〇）をあげておく。

（4）広島の自己像と海外における広島像については、たとえば、井上編（二〇二二）および広島市立大学広島平和研究所編（二〇二二）を参照されたい。

（5）stigmatize と delegitimize については、黒澤（二〇一九）を参照のこと。また、禁忌と兵器の関係については、榎本編（二〇二〇）が参考になる。

あとがき

本書の輪郭は、研究分担者としてメンバーに加えていただいた共同研究などを通じ、その成果として論文を執筆していくなかで、ゆっくりと浮かび上がってきたものである。そして、左記の諸論文に加筆修正を施し再編成したうえで、研究者だけでなく一般の多くの方に読んでいただきたいため、コンパクトに編んだ。再掲を許可してくださった関係諸機関に、心より感謝を申し上げたい。

「『核の倫理』の政治学」『社会と倫理』（南山大学社会倫理研究所）第二六号、五三－七二頁、二〇一二年。

＊二〇〇七〜二〇一一年度京都大学グローバルCOEプログラム「生存基盤持続型の発展を目指す地域研究拠点」（京都大学東南アジア研究所、代表者：杉原薫）による研究成果

「核兵器――非人道性のアイロニーとパラドクス」高橋良輔・大庭弘継編『国際政治のモラル・アポリア――戦争／平和と揺らぐ倫理』ナカニシヤ出版、九七－一二九頁、二〇一四年。

＊二〇一一～二〇一三年度文部科学省私立大学戦略的研究基盤形成支援事業「アジア・太平洋地域における人の移動にともなう紛争と和解についての総合研究――市民社会・言語・政治経済を通してみる多文化社会の可能性」（龍谷大学アフラシア多文化社会研究センター、代表者：清水耕介）による研究成果

「ヒバクシャと時間――ヒロシマ・ナガサキをめぐる時間資源と回帰的時間」高橋良輔・山崎望編『時政学への挑戦――政治研究の時間論的転回』ミネルヴァ書房、一三九－一五七頁、二〇二一年。

＊二〇一五～二〇一八年度科学研究費補助金・挑戦的萌芽研究「時政学の構築――〝政治的資源としての時間〟の解明」（代表者：高橋良輔）による研究成果

「核兵器の非人道性をめぐるアポリアの再検討」市川ひろみ・松田哲・初瀬龍平編『国際関係論のアポリア――思考の射程』晃洋書房、一九三－二〇四頁、二〇二一年。

＊二〇一六～二〇一九年度科学研究費補助金・基盤研究C「国際関係のアポリア問題とその

解決方策についての基礎的研究――理論と実践の架橋」（代表者：市川ひろみ）による研究成果

「国際社会における核兵器の非人道性の語りとその国内被爆者への影響」『オホーツク産業経営論集』（東京農業大学産業経営学会）第三〇巻第一号（通巻三八号）、五三－六二頁、二〇二一年。

◇

本書の刊行にいたるまで、実に多くの方々に大変お世話になった。しかし、紙幅の制限から、具体的なお名前をすべてあげることはできない。ただ、この場を借りて、つぎの三人の方には感謝を申し上げたい。

まず、オリバー・ラムズボサム先生（英国ブラッドフォード大学）である。いまから約二〇年前、筆者がブラッドフォード大学大学院平和学研究科の修士課程に留学していたときに、ラムズボサム先生から一つの問いをいただいた。それが本書の問い――被爆者が核兵器の非人道性を語ることは、国際政治において、どのような意義と課題をもつのだろうか――である。ラムズボサム先生は、紛争解決学を専門とされているが（翻訳に、オリバー・ラムズボサム、トム・ウッドハウス、ヒュー・マイアル著、宮本貴世訳『現代世界の紛争解決学――予防・介入・平和構築の理論と実践』明石書店、二〇〇九年がある)、オムニバスで科目「平和学入門」も講義されていた。そのレポートの題目の一つが、核兵器の使用をめぐる倫理についてであり、ラムズボサム先生が採点を担当されていた。先生からコメントをいただいて研究室を退出しようと思った矢先、「ところで、ヒロシマ・ナガサキを語る被爆者は、核兵器の使用をめぐる政治と倫理の問題に対して、どのような影響を与えたのでしょうか。あなたは日本から来たのだから、この視点から書けたのではないでしょうか」との質問を頂戴した。そのとき、「ほんまや」と悔やんだ。

けれども、この「宿題」に手をつけないままでいた。帰国後の約三年間は、立命館大学において別のテーマで博士論文を執筆していたし、博士号を取得してからは研究員として約五年間、龍谷大学と京都大学で地域研究をベースとする大型の共同研究を楽しんでいたからである。ただ、ラムズボサム先生からの問いかけを忘れたことは一度もなかった。約二〇年越しとなってしまったが、本書の刊行をもって、宿題の提出とさせていただきたい。

つぎに、故・高橋良輔さん(青山学院大学)である。本書は、二〇一二年からの約一〇年のあいだに刊行した五本の論文がもととなっている。このうちの二本が、高橋さんが編集された書籍に掲載されている。拙論「核兵器——非人道性のアイロニーとパラドクス」は『国際政治のモラル・アポリア』で、拙論「ヒバクシャと時間——ヒロシマ・ナガサキをめぐる時間資源と回帰的時間」は『時政学への挑戦』のなかで、それぞれ収められている。前者は本書の最も重要なエッセンスであり（第三章と第四章）、後者は本書第Ⅲ部のコアとなっている（第六章）。それゆえ、高橋さんと出会わなければ、本書が世に出ることはなかったと心から思う。

高橋さんとは、現実主義の思想について、よくお話しをした。また、政治と倫理の関係性について、とくに政治と倫理のあいだで絶えずもがき続けることの大切さについて、意見交換したりした。僕は、高橋さんの研究者としての素晴らしさはもちろんのこと、温かい人柄もとても好きだった。高橋さんとお話しをしていると、尖った心が丸くなる。そのようなことが多々あった。二〇二一年三月、高橋さんは病のため逝去された。それを僕はまだ受け入れることができない。いつでも研究会で会えそうな気がしてならないのである。

最後に、故・桶谷猪久夫先生（大阪国際大学）である。本書のもととなった諸論文の刊行は二〇二一年となっているものが多いが、実際に執筆した期間は、大阪国際大学で過ごしていた時期とほぼすべて重なっている。大阪国際大学では、多くの先生や職員のみなさん、そしてゼミ生をはじめとする学生たちに、とても強く支えられた。とくに一番お世話になったのが、当時の学部長であった桶谷先生である。桶谷先生と出会わなければ、いまの自分自身はなかった。ここに、感謝の旨を述べさせていただきたい。

桶谷先生は、だいたい水曜日の一八時から一九時のあいだに僕の研究室に来られて、「佐藤さん、今日、空いてますか？」とよく呑みに誘ってくださった（少しご機嫌斜めでいらっしゃるときは、「佐藤、今日は行くで、呑むで」とのお声がけ）。お店はほとんど決まっていて、京阪大和田駅近くの居酒屋「竹とんぼ」であった。桶谷先生のお気に入りは、北海道・旭川の地酒「男山」である。

残念ながら、桶谷先生は二〇一七年四月に他界されたため、男山を一緒に呑むことはもうできなくなってしまった。また、二〇二一年に竹とんぼは移転・リニューアルしたため、桶谷先生と過ごした大切な空間もなくなってしまった。そして、僕自身、二〇一九年に大阪を離れてしまった。それでも僕は、どこにいても、男山を呑むたびにいつも桶谷先生を思い出す。

◇

本書の草稿については、大学院生のときからの友人である池田丈佑さん（富山大学）と上野友也さん（岐阜大学）が、大変お忙しいにもかかわらず、貴重なコメントをくださった。しかし力不足のため、すべてのコメントをしっかりとフィードバックすることができなかった。深く感謝するとともに、お詫び申し上げる。

また、元同僚の本間咲来さんにも感謝の念をお伝えしたい。本間さんには、京都大学で出会って以来、いつも原稿に目を通していただいた。本書の執筆に際してもお世話になった。もし本書の文章が少しでも読みやすいものとなっているとすれば、それは、本間さんのおかげである。

本書の出版の機会を提供してくださったのが、明石書店の上田哲平さんである。上田さんとは、これまでの約一〇年のあいだに、国際関係や安全保障に関するいくつかの書籍を一緒に作り上げてきた。僕らは関西に住んでいるときに、京・先斗町でよく呑み、よく語った。僕は、上田さんの編集に対する熱意と誠意に、絶大なる信頼を置いている。それゆえ、初の単著は上田さんの編集のもとでぜひとも書きたい、と強く願っていた。それが実現して、嬉しい心持ちである。心より感謝を申し上げる。

◇

最後に、本書を父・巖と母・理美子、そして北海道の芦別で眠る祖父母の佐藤勇と喜多子、奈良清と光子に捧げたい。

二〇二二年三月　斜里岳がみえる網走の研究室にて

佐藤　史郎

Military Strategy, Westview Press, pp.105-115.
Shapcott, Richard, 2008, "International Ethics," in John Baylis, Steve Smith and Patricia Owens eds., *The Globalization of World Politics: An introduction to international relations*, Fourth edition, Oxford University Press, pp.192-206.
Shapcott, Richard, 2010, *International Ethics: A Critical Introduction*, Polity Press.
Shue, Henry eds., 1989, *Nuclear Deterrence and Moral Restraint: Critical Choices for American Strategy*, Cambridge University Press.
SIPRI, 2021, *SIPRI Yearbook 2021: Armaments, Disarmament and International Security* (Summary), https://sipri.org/sites/default/files/2021-06/sipri_yb21_summary_en_v2_0.pdf, 2021年11月1日アクセス。
Sylvester, Christine, 2013, *War as Experience: Contributions from International Relations and Feminist Analysis*, Routledge.
Tannenwald, Nina, 2007, *The Nuclear Taboo: The United States and the Non-Use of Nuclear Weapons Since 1945*, Cambridge University Press.
Tannenwald, Nina, 2018, "How Strong Is the Nuclear Taboo Today?" *The Washington Quarterly*, Vol.41, No.3, Fall, pp.89-109.
U.S. Department of State, 2016, "Joint Statement From the Nuclear-Weapons States at the 2016 Washington, DC P5 Conference," September 15, https://2009-2017.state.gov/r/pa/prs/ps/2016/09/261994.htm, 2021年10月6日アクセス。
Walker, William, 2010, "The absence of a taboo on the possession of nuclear weapons," *Review of International Studies*, Vol.36, No.4, October, pp.865-876.
Werner, Richard, 1987, "The Immorality of Nuclear Deterrence," in Kenneth Kipnis and Diana T. Meyers eds., *Political Realism and International Morality: Ethics in the Nuclear Age*, Westview Press, pp.158-178.

Allanheld.

Lifton, Robert Jay and Markusen, Eric, 1990, *The Genocidal Mentality: Nazi Holocaust and Nuclear Threat*, Basic Books.

National Conference of Catholic Bishops, 1983, *The Challenge of Peace: God's Promise and Our Response*, https://www.usccb.org/upload/challenge-peace-gods-promise-our-response-1983.pdf, 2021 年 10 月 26 日アクセス。

Novak, Michael, 1984, "The U.S. Bishops, The U.S. Government and Reality," in Judith A. Dwyer ed., *The Catholic Bishops and Nuclear War: A Critique and Analysis of the Pastoral, the Challenge of Peace*, Georgetown University Press, pp.3-21.

O'Brien, William V., 1984, "The Challenge of War: A Christian Realist Perspective," in Judith A. Dwyer ed., *The Catholic Bishops and Nuclear War: A Critique and Analysis of the Pastoral, the Challenge of Peace*, Georgetown University Press, pp.37-63.

Paul, T. V., 2009, *The Tradition of Non-Use of Nuclear Weapons*, Stanford University Press.

Paul, T. V., 2010, "Taboo or tradition? The non-use of nuclear weapons in world politics," *Review of International Studies*, Vol.36, No.4, October, pp.853-863.

Price, Richard and Tannenwald, Nina, 1996, "Norms and Deterrence: The Nuclear and Chemical Weapons Taboos," in Peter J. Katzenstein ed., *The Culture of National Security: Norms and Identity in World Politics*, Columbia University Press, pp.114-152.

Rosenthal, Joel H. ed., 1995, *Ethics & International Affairs: A Reader*, Georgetown University Press.

Ruston, Roger, 1984, "Nuclear Deterrence and the Use of the Just War Doctrine," in Nigel Blake and Kay Pole eds., *Objections to Nuclear Defence: Philosophers on Deterrence*, Routledge and Kegan Paul, pp.41-66.

Sagan, Scott D., 1996, "Why Do States Build Nuclear Weapons? Three Models in Search of a Bomb," *International Security*, Vol.21, No.3, Winter 1996/1997, pp.54-86.

Sagan, Scott D., 2004, "Realist Perspectives on Ethical Norms and Weapons of Mass Destruction," in Sohail H. Hashmi and Steven P. Lee eds., *Ethics and Weapons of Mass Destruction: Religious and Secular Perspectives*, Cambridge University Press, pp.73-95.

Schelling, Thomas C., 1994, "The Role of Nuclear Weapons," in L. Benjamin Ederington and Michael J. Mazarr eds., *Turning Point: The Gulf War and U.S.*

Morality: Ethics in the Nuclear Age, Westview Press, pp.15-34.

Coicaud, Jean-Marc and Warner, Daniel eds., 2001, *Ethics and International Affairs: Extent & Limits*, United Nations University Press.

Davis, Howard ed., 1986, *Ethics and Defence: Power and Responsibility in the Nuclear Age*, Basil Blackwell.

Doyle, Thomas E., II, 2020, *Nuclear Ethics in the Twenty-First Century: Survival, Order, and Justice*, Rowman & Littlefield International.

Dwyer, Judith A. ed., 1984, *The Catholic Bishops and Nuclear War: A Critique and Analysis of the Pastoral, the Challenge of Peace*, Georgetown University Press.

Eden, Lynn, 2010, "The contingent taboo," *Review of International Studies*, Vol.36, No.4, October, pp.831-837.

Erskine, Toni, 2016, "Normative International Relations Theory," in Tim Dunne, Milja Kurki and Steve Smith eds., *International Relations Theories: Discipline and Diversity*, Fourth Edition, Oxford University Press, pp.236-258.

Farrell, Theo, 2010, "Nuclear non-use: constructing a Cold War history," *Review of International Studies*, Vol.36, No.4, October, pp.819-829.

Fierke, Karin M., 2004, "Whereof We Can Speak, Thereof We Must Not Be Silent: Trauma, Political Solipsism and War," *Review of International Studies*, Vol.30, No.4, pp.471-491.

Frost, Mervyn, 1996, *Ethics in International Relations: A Constitutive Theory*, Cambridge University Press.

Goodwin, Geoffrey ed., 1982, *Ethics and Nuclear Deterrence*, Croom Helm.

Howe, Paul, 1994, "The Utopian realism of E. H. Carr," *Review of International Studies*, Vol.20, No.3, pp.277-297.

Hutchings, Kimberly, 2019, "Decolonizing Global Ethics: Thinking with the Pluriverse," *Ethics & International Affairs*, Vol.33, No.2, pp.115-125.

Hutchings, Kimberly, 2010, *Global Ethics: An Introduction*, Polity Press.

International Court of Justice (ICJ) , 1996, *Legality of the Threat or Use of Nuclear Weapons*, Advisory Opinion of 8 July.

Jervis, Robert, 1989, *The Meaning of the Nuclear Revolution: Statecraft and the Prospect of Armageddon*, Cornell University Press.

Katzenstein, Peter J. ed., 1996, *The Culture of National Security: Norms and Identity in World Politics*, Columbia University Press.

Kipnis, Kenneth and Meyers, Diana T. eds, 1987, *Political Realism and International Morality: Ethics in the Nuclear Age*, Westview Press.

Lackey, Douglas P., 1984, *Moral Principles and Nuclear Weapons*, Rowman &

最上敏樹，1996，「核兵器は国際法に違反するか（上）（下）」『法学セミナー』第503号（11月），8-11頁；第504号（12月），4-7頁。

最上敏樹，2001，『人道的介入――正義の武力行使はあるか』岩波書店〔岩波新書〕。

百瀬宏，1993，『国際関係学』東京大学出版会。

山内進，2006，「序論 聖戦・正戦・合法戦争――『正しい戦争』とは何か」山内進編『「正しい戦争」という思想』勁草書房，1-41頁。

山下範久・安高啓朗・芝崎厚士編，2016，『ウェストファリア史観を脱構築する――歴史記述としての国際関係論』ナカニシヤ出版。

山本昭宏，2015，『核と日本人――ヒロシマ・ゴジラ・フクシマ』中央公論新社〔中公新書〕。

米山リサ，2005，『広島――記憶のポリティクス』小沢弘明・小澤祥子・小田島勝浩訳，岩波書店。

英語文献

Amstutz, Mark R., 1999, *International Ethics: Concepts, Theories, and Cases in Global Politics*, Rowman & Littlefield Publishers, Inc.
Atkinson, Carol, 2010, "Using nuclear weapons," *Review of International Studies*, Vol.36, No.4, October, pp.839-851.
Bell, Duncan ed., 2010, *Ethics and World Politics*, Oxford University Press.
Blake, Nigel and Pole, Kay eds., 1984, *Objections to Nuclear Defence: Philosophers on Deterrence*, Routledge & Kegan Paul.
Bobbitt, Philip Chase, 1987, "The Ethic of Nuclear Deterrence," in Kenneth Kipnis and Diana T. Meyers eds., *Political Realism and International Morality: Ethics in the Nuclear Age*, Westview Press, pp.109-121.
Booth, Ken, 1991, "Security in anarchy: utopian realism in theory and practice," *International Affairs*, Vol.67, No.3, pp.527-545.
Brodie, Bernard, 1946, "Implications for Military Policy," in Bernard Brodie ed., *The Absolute Weapon: Atomic Power and World Order*, Harcourt, Brace and Company, pp.70-110.
Brown, Chris, 1992, *International Relations Theory: New Normative Approaches*, Harvester Wheatsheaf.
Buzan, Barry and Herring, Eric eds., 1998, *The Arms Dynamic in World Politics*, Lynne Rienner.
Cohen, Marshall, 1987, "Moral Skepticism and International Relations," in Kenneth Kipnis and Diana T. Meyers eds., *Political Realism and International*

リカの核ガバナンス』晃洋書房，1-25 頁。

初瀬龍平，2021，「国際関係論とアポリア――アポリア的思考の可能性」市川ひろみ・松田哲・初瀬龍平編『国際関係論のアポリア――思考の射程』晃洋書房，1-16 頁。

濱谷正晴，2009，「原爆体験と〈心の傷〉」『IPSHU 研究報告シリーズ』第 41 号，1-38 頁，https://ir.lib.hiroshima-u.ac.jp/files/public/3/30767/20141016175617523277/ipshu_41_1.pdf，2022 年 3 月 14 日アクセス。

原彬久，2011，「訳者解説 『危機の二十年』を読み解くために」E. H. カー『危機の二十年――理想と現実』原彬久訳，岩波書店〔岩波文庫〕，503-540 頁。

バロース，ジョン，2001，『核兵器使用の違法性――国際司法裁判所の勧告的意見』浦田賢治監訳，山田寿則・伊藤勧訳，早稲田大学比較法研究所。

馬場伸也，1983，『地球文化のゆくえ――比較文化と国際政治』東京大学出版会。

広岩近広，2013，『被爆アオギリと生きる――語り部・沼田鈴子の伝言』岩波書店〔岩波ジュニア新書〕。

広島市立大学広島平和研究所編，2021，『広島発の平和学――戦争と平和を考える 13 講』法律文化社。

福地曠昭編，1981，『沖縄の被爆者――癒やされぬ 36 年の日々』沖縄県原爆被爆者協議会。

ブル，ヘドリー，2000，『国際社会論――アナーキカル・ソサイエティ』臼杵英一訳，岩波書店。

ベイツ，チャールズ，1989，『国際秩序と正義』進藤榮一訳，岩波書店。

ホフマン，スタンリー，1985，『国境を超える義務――節度ある国際政治を求めて』寺沢一監修，最上敏樹訳，三省堂。

松井芳郎，1996，「国際司法裁判所の核兵器使用に関する勧告的意見を読んで」『法律時報』第 68 巻第 12 号，2-5 頁。

松元雅和，2013，『平和主義とは何か――政治哲学で考える戦争と平和』中央公論新社〔中公新書〕。

水島久光，2020，『戦争をいかに語り継ぐか――「映像」と「証言」から考える戦後史』NHK 出版〔NHK ブックス〕。

三牧聖子，2022，「E・H・カーの誘い――『リベラルな国際秩序』を超えた世界秩序へ」佐藤史郎・三牧聖子・清水耕介編『E・H・カーを読む』ナカニシヤ出版，137-156 頁。

宮島喬編，2003，『岩波小辞典 社会学』岩波書店。

宮本ゆき，2020，『なぜ原爆が悪ではないのか――アメリカの核意識』岩波書店。

ミル，J・S，2011，『大学教育について』竹内一誠訳，岩波書店〔岩波文庫〕。

モーゲンソー，ハンス・J，1986，『国際政治――権力と平和』現代平和研究会訳，福村出版。

ぐ倫理』ナカニシヤ出版。

高山文彦，2016，『生き抜け，その日のために――長崎の被差別部落とキリシタン』解放出版社。

高山真，2016，『〈被爆者〉になる――変容する〈わたし〉のライフストーリー・インタビュー』せりか書房。

土山實男，2004，『安全保障の国際政治学――焦りと傲り』有斐閣。

鄭美香，2017，「忘れられた被爆者――在韓被爆者の歴史と先行研究」『社会研論集』第 30 巻，16-30 頁。

トンプソン，ジェイムズ編著，1988，『核戦争の心理学』黒沢満訳，西村書店。

直野章子，2015，『原爆体験と戦後日本――記憶の形成と継承』岩波書店。

ナイ・ジュニア，ジョセフ・S，1988，『核戦略と倫理』土山實男訳，同文舘出版。

ナイ・ジュニア，ジョセフ・S，2009，『国際紛争――理論と歴史 原書第 7 版』田中明彦・村田晃嗣訳，有斐閣。

長崎県ろうあ福祉協会・全国手話通訳問題研究会長崎支部編，1995，『原爆を見た聞こえない人々――長崎からの手話証言』文理閣。

中本義彦，2015，「規範理論」吉川直人・野口和彦編『国際関係理論 第 2 版』勁草書房，294-323 頁。

永井隆，2009，『長崎の鐘 付「マニラの悲劇」』勉誠出版。

永井陽之助，1979，「政治的資源としての時間――『ベトナム戦争』再考」永井陽之助『時間の政治学』中央公論社〔中公叢書〕，49-82 頁。

中野晴行監修・編集協力，2013，『漫画家たちの戦争――原爆といのち』金の星社。

中山俊宏，2010，「『あるべき世界』と『あるがままの世界』との狭間で」久保文明編『オバマ政治を採点する』日本評論社，145-154 頁。

納家政嗣，2005，「序文 国際政治学と規範研究」『国際政治』第 143 号，1-11 頁。

西崎文子，2004，『アメリカ外交とは何か』岩波書店〔岩波新書〕。

日本原水爆被害者団体協議会編，2021，『被爆者からあなたに――いま伝えたいこと』岩波書店〔岩波ブックレット〕。

日本平和学会編，2011，『平和研究 36 グローバルな倫理』早稲田大学出版部。

根本雅也，2018，『ヒロシマ・パラドクス――戦後日本の反核と人道意識』勉誠出版。

根本雅也，2020，「原爆は人間に何をもたらしたのか――被爆者の心の傷」日本平和学会編『戦争と平和を考える NHK ドキュメンタリー』法律文化社，138-141 頁。

農林水産省，2020，「食品ロスの現状を知る」『aff』2020 年 10 月号，https://www.maff.go.jp/j/pr/aff/2010/spe1_01.html，2021 年 12 月 7 日アクセス。

能登原由美，2015，『「ヒロシマ」が鳴り響くとき』春秋社。

初瀬龍平，1993，『国際政治学――理論の射程』同文舘出版。

初瀬龍平，2017，「序論 原爆・核抑止・核ガバナンス」菅英輝・初瀬龍平編『アメ

国連事務総長報告，1982，『核兵器の包括的研究』服部学訳，連合出版。

小林利行，2005，「薄れる被爆の記憶・高まる核戦争への不安――『広島・日本・アメリカ原爆意識』に関する調査から」『放送研究と調査』第 55 巻第 12 号，18-32 頁。

小松志朗・大庭弘継，2014，「人道的介入――避けられない非人道性」高橋良輔・大庭弘継編『国際政治のモラル・アポリア――戦争／平和と揺らぐ倫理』ナカニシヤ出版，21-59 頁。

サーロー節子・金崎由美，2019，『光に向かって這っていけ――核なき世界を追い求めて』岩波書店。

斉藤道雄，1995，『原爆神話の 50 年――すれ違う日本とアメリカ』中央公論社〔中公新書〕。

坂本義和，1988，『新版 軍縮の政治学』岩波書店〔岩波新書〕。

坂本義和，1999，「近代としての核時代」坂本義和編『核と人間 I　核と対決する 20 世紀』岩波書店，1-64 頁。

佐藤史郎，2018，「核軍縮をめぐる非人道性と安全保障の論理」佐藤史郎・川名晋史・上野友也・齊藤孝祐編『日本外交の論点』法律文化社，126-135 頁。

佐藤史郎，2020，「どのようにして核抑止論を覆すことができるのか」『図書新聞』第 3471 号，2020 年 11 月 14 日。

佐藤史郎，2022，「もうひとつの『三人のカー』――国際関係理論における E・H・カー論の系譜」佐藤史郎・三牧聖子・清水耕介編『E・H・カーを読む』ナカニシヤ出版，69-85 頁。

佐藤俊夫，1960，『倫理学 新版』東京大学出版会。

四條知恵，2015，『浦上の原爆の語り――永井隆からローマ教皇へ』未來社。

四條知恵，2018，「長崎における原爆被害の語りに着目して――『証言』と語られないもの」日本平和学会 2018 年度春季研究大会（部会 3「核兵器禁止条約と市民社会の役割――核兵器の非人道性への着目），2018 年 6 月 24 日，東京大学。

清水幾太郎，1980，『日本よ 国家たれ――核の選択』文藝春秋。

シャプコット，リチャード，2012，『国際倫理学』松井康浩・白川俊介・千知岩正継訳，岩波書店。

上智学院カトリック・イエズス会センター／島薗進編，2020，『核廃絶――諸宗教と文明の対話』岩波書店。

杉原梨江子，2015，『被爆樹巡礼――原爆から蘇ったヒロシマの木と証言者の記憶』実業之日本社。

高橋良輔，2014，「国際政治と倫理の揺らぎ」高橋良輔・大庭弘継編『国際政治のモラル・アポリア――戦争／平和と揺らぐ倫理』ナカニシヤ出版，3-18 頁。

高橋良輔・大庭弘継編，2014，『国際政治のモラル・アポリア――戦争／平和と揺ら

宇吹暁，2014，『ヒロシマ戦後史――被爆体験はどう受けとめられてきたか』岩波書店。

梅本哲也，2009，「オバマ政権の始動と米国の外交・安全保障政策」『国際安全保障』第 37 巻第 1 号，9-24 頁。

榎本珠良編，2020，『禁忌の兵器――パーリア・ウェポンの系譜学』日本経済評論社。

太田昌克，2021，「『日米核同盟化』の進展とその含意」『国際政治』第 203 号，142-158 頁。

太田保之・三根真理子・吉峯悦子，2014，『原子野のトラウマ 被爆者調査再検証 こころの傷をみつめて』長崎新聞社。

岡村幸宣，2013，『非核芸術案内――核はどう描かれてきたか』岩波書店〔岩波ブックレット〕。

奥田博子，2010，『原爆の記憶――ヒロシマ／ナガサキの思想』慶應義塾大学出版会。

押村高，2004，「国家の安全保障と人間の安全保障」『国際問題』第 530 号，14-27 頁。

押村高，2008，『国際正義の論理』講談社〔講談社現代新書〕。

押村高，2010，『国際政治思想――生存・秩序・正義』勁草書房。

小田川大典・五野井郁夫・高橋良輔編，2011，『国際政治哲学』ナカニシヤ出版。

カー，E. H.，2011，『危機の二十年――理想と現実』原彬久訳，岩波書店〔岩波文庫〕。

加藤朗，1997，「戦争と倫理」加藤朗・長尾雄一郎・吉崎知典・道下徳成『戦争――その展開と抑制』勁草書房，122-166 頁。

上野友也，2021，「補論 古代ギリシャ哲学とアポリア」市川ひろみ・松田哲・初瀬龍平編『国際関係論のアポリア――思考の射程』晃洋書房，17-20 頁。

川崎哲，2018，『核兵器はなくせる』岩波書店〔岩波ジュニア新書〕。

桐谷多恵子，2020，「沖縄の被爆者問題の再考察――現代における証言の意味」『平和研究』第 54 号，109-128 頁。

ギャディス，ジョン・L，2002，『ロング・ピース――冷戦史の証言「核・緊張・平和」』五味俊樹・坪内淳・阪田恭代・太田宏・宮坂直史訳，芦書房。

葛谷彩・芝崎厚士編，2018，『「国際政治学」は終わったのか――日本からの応答』ナカニシヤ出版。

黒澤満，2019，「核兵器のない世界に向けて――Stigmatization と Delegitimization」山口響監修『核兵器禁止条約の時代――核抑止論をのりこえる』法律文化社，60-82 頁。

高坂正堯，1963，「現実主義者の平和論」『中央公論』第 78 巻第 1 号（1 月），38-49 頁。

高坂正堯，2008，「核の挑戦と日本」高坂正堯『海洋国家日本の構想』中央公論新社〔中公クラシックス〕，145-172 頁。

厚生労働省，2020，「被爆者数・平均年齢」，https://www.mhlw.go.jp/stf/newpage_13411.html，2021 年 6 月 11 日アクセス。

こうの史代，2004，『夕凪の街 桜の国』双葉社。

参考文献

日本語文献

秋山信将・高橋杉雄編，2019，『「核の忘却」の終わり——核兵器復権の時代』勁草書房。

朝日新聞広島支局，1998，『原爆ドーム』朝日新聞社〔朝日文庫〕。

アリソン，グレアム，2006，『核テロ——今ここにある恐怖のシナリオ』秋山信将・戸崎洋史・堀部純子訳，日本経済新聞社。

池田丈佑，2006，「国際関係論における倫理——その系譜，理論的視角，問題群」『国際公共政策研究』第 10 巻第 2 号，59-75 頁。

石川栄吉・梅棹忠夫・大林太良・蒲生正男・佐々木高明・祖父江孝男編，1987，『文化人類学事典』弘文堂。

石田忠，1973，「序文」石田忠編『反原爆——長崎被爆者の生活史』未來社，1-5 頁。

石田忠，1986a，「（対談）核時代を生きる——被爆者との二十年」石田忠『原爆被害者援護法——反原爆論集Ⅱ』未來社，134-173 頁。

石田忠，1986b，「原爆体験の思想化——被爆者における〈死〉と〈生〉の意味」石田忠『原爆体験の思想化——反原爆論集Ⅰ』未來社，104-112 頁。

石田優子，2015，『広島の木に会いにいく』偕成社。

市川ひろみ・松田哲・初瀬龍平編，2021，『国際関係論のアポリア——思考の射程』晃洋書房。

井上達夫，2012，『世界正義論』筑摩書房〔筑摩選書〕。

井上ひさし，2001，『父と暮せば』新潮社〔新潮文庫〕。

井上ひさし，2014，「この子を残して」井上ひさし『完本 ベストセラーの戦後史』文藝春秋〔文春学藝ライブラリー〕，52-62 頁。

井上泰浩編，2021，『世界は広島をどう理解しているか——原爆 75 年の 55 か国・地域の報道』中央公論新社。

入江昭，2001，『平和のグローバル化へ向けて』日本放送出版協会〔NHK ライブラリー〕。

岩田修一郎，1996，『核戦略と核軍備管理——日本の非核政策の課題』日本国際問題研究所。

植木（川勝）千可子，2021，「序論 核と国際政治」『国際政治』第 203 号，1-16 頁。

ヴェーバー，マックス，1980，『職業としての政治』脇圭平訳，岩波書店〔岩波文庫〕。

ウォルツァー，マイケル，2008，『正しい戦争と不正な戦争』萩原能久監訳，風行社。

は

ま

や

ら・わ

人 名

さ

た

な

索　引

【著者紹介】

佐藤《さとう》 史郎《しろう》

1975年大阪府生まれ。東京農業大学生物産業学部教授。
立命館大学大学院国際関係研究科博士後期課程修了。博士（国際関係学）。龍谷大学アフラシア平和開発研究センター博士研究員，京都大学東南アジア研究所グローバルCOE特定研究員，大阪国際大学国際教養学部准教授を経て現職。この間，ライデン大学地域研究研究所（LIAS）客員研究員などを歴任。
〔専攻〕
国際関係論，安全保障論，平和研究。
〔主な研究業績〕
『E・H・カーを読む』（共編著，ナカニシヤ出版，2022年）
『現代アジアをつかむ』（共編著，明石書店，2022年）
『安全保障の位相角』（共編著，法律文化社，2018年）
『日本外交の論点』（共編著，法律文化社，2018年）

核と被爆者の国際政治学
―― 核兵器の非人道性と安全保障のはざまで

2022年6月25日　初版第1刷発行

著　者――佐　藤　史　郎
発行者――大　江　道　雅
発行所――株式会社 明石書店
〒101-0021　東京都千代田区外神田6-9-5
電話 03 (5818) 1171　FAX 03 (5818) 1174
https://www.akashi.co.jp/
装　幀　　明石書店デザイン室
印　刷　　株式会社 文化カラー印刷
製　本　　協栄製本 株式会社
ISBN 978-4-7503-5425-5

(定価はカバーに表示してあります)